学校心理学ガイドブック

第4版

学校心理士認定運営機構　編

風間書房

「第4版」のまえがき

　「学校心理士」の資格認定は、1997年度から日本教育心理学会の事業として開始された。2000年度からは日本教育心理学会の会員のほか、日本特殊教育学会、日本発達障害学会、日本発達心理学会、日本 LD 学会の会員も学校心理士の資格取得のための申請ができるようになった。2001年度には、日本教育心理学会の事業から離れ、上記5学会による「学会連合資格『学校心理士』認定運営機構」が資格認定を行っている。2007年度からは、連携学会として日本学校心理学会、日本応用教育心理学会、日本生徒指導学会、日本学校カウンセリング学会が、さらに2010年度からは日本コミュニケーション障害学会、日本学校メンタルヘルス学会が参画することになった。そして、2011年4月からは、一般社団法人学校心理士認定運営機構として再スタートし、それと同時に構成学会・連携学会の区別を廃止し、上記全ての学会が関連学会として機構の運営を支えることになったのである。

　「学校心理士」の認定は、以上のような経緯を経て現在に至っているのであるが、2018年12月現在、学校心理士・学校心理士補有資格者は約4,200名となっている。

　学校心理士認定運営機構が法人化される一方、スクールカウンセラー等の学校における児童生徒の援助を行う担い手の国家資格化の議論も盛んになってきた。国家資格化がどのような方向で進むにせよ、学校心理士の有資格者として相応しい力量を身につけた者に対して、資格を認定していこうという本機構の姿勢に変わりはない。

　そこで、2008年度から、学校心理士資格認定委員会では、「学校心理士の資格認定にあたって必要とされる力量とは何か」、「それはどのような学修により担保できるか」の議論を進めてきた。その結果、完成したのが、「新基準」である。

学校心理士資格認定のための「新基準」の詳細は、本文（第3章〜第13章）に譲るが、その精神は、スクールカウンセラーやガイダンスカウンセラーといった国家資格に相応しい力量をどのようなトレーニングによって修得させ、認定するかをより明確にしようというものであった。

　『学校心理学ガイドブック第4版』は、第1版から第3版を基本としながらも、本来、学校心理士として身につけておくべき力量を修得するために、その内容の大幅な改善を行っている。その第一は、領域の拡充である。これまでは、教育心理学、発達心理学、臨床心理学、障害児の教育と心理、生徒指導・進路指導、教育評価・心理検査、学校カウンセリングの7領域であった。その中で、教育評価・心理検査と学校カウンセリングについては「実習を含む」を要件としていた。

　しかしながら、認定委員会において、これらの領域を学修したとされる科目のシラバスをみると、大学院間で科目内容に大きなばらつきがあることが、当初から指摘されてきた。そこで、各領域ごとキーワードを設定し、それがシラバスに一定程度含まれていれば、履修の結果、学校心理士として当該領域の力量を担保したと認めることにしてきた。

　ところが、大学院ごと、各領域に該当する科目を履修しても、とくに実習を含む科目では、力量を十分に身に付けることが困難となってきた。

　そこで、改善の第二として、各領域の内容を吟味し、できるかぎり重複を避け、学校心理士としての力量を身に付けることができるよう、実習も別枠で設定することにした。それによって、大学院間の履修内容のばらつきをできるだけ解消するよう努めたのである。例えば、他の領域との重複が多い「教育心理学」は、ガイドブックでこれまで示してきた内容に合わせ「教授・学習心理学」と改めた。また、「教育評価・心理検査」も従来、教育・心理測定に関わる内容が多かったことから、ガイドブックの内容に合わせ「心理教育的アセスメント」と改めた。

　周知のように、2019年2月1日には、わが国で初めての心理学に関連する

国家資格「公認心理師」が誕生した。また、教職大学院は、学校現場の課題解決に向けた実践的なカリキュラムへ改編するなどして充実を図っている。これらの動向を踏まえ、認定委員会では、学校心理士の受験資格の類型や試験方法を整備し、「公認心理師」資格取得者や教職大学院修了者への受験機会の拡充を行っている。

　以上のように、本ガイドブック「第4版」は、各領域に含まれる内容は「第1〜3版」を包括するものであるが、最新知見を含めるとともに、領域名を整理し実習科目を別立てにしたことから、「改訂新版」といってもよいくらいの大幅な改訂を加えた。

　本書が、これから学校心理士資格（ひいては国家資格）をめざす人にとって、スクールカウンセラーやガイダンスカウンセラーとなるために不可欠な内容を示すスタンダード（基準）を修得するためのガイドとしてだけでなく、既に学校心理士有資格者にとっても、座右に置き、絶えず自らの力量を点検できるための指針として活用されるよう、執筆者を代表し、切に望む次第である。

　　　2020年1月1日

　　　　　　　　　　　　　　　　　　　塩　見　邦　雄
　　　　　　　　　　　　　　　　　　　石　隈　利　紀
　　　　　　　　　　　　　　　　　　　小野瀬　雅　人
　　　　　　　　　　　　　　　　　　　岡　　　直　樹
　　　　　　　　　　　　　　　　　　　山　谷　敬三郎

目　　次

第1部　学校心理学と学校心理士

第1章　学校心理学と学校心理士

1．学校教育、教育心理学そして学校心理学

　21世紀がはじまったばかりと思っていたら、もう20年以上も過ぎてしまったが、これからの未来を担う子どもたちに前向きに生きていく勇気や希望を育ませることは、学校教育の重要な役割の一つである。昨今の社会情勢の変動は激しく、その激しく変化していく情勢の中で、大人も子どもも心身ともに揺さぶられている。このような変化の激しい時代において、子どもたちを未来に関わってよりよい方向へ導いていく使命を学校教育に関わる我々は再認識して、その責務を実行していかなければならないであろう。

　ところで、「学校教育」と一言でいっても、そこは幅広くまた奥行きがある領域である。学校教育は子どもの発達に関わって極めて大切なところであり、指導という「実践」が必要な領域である。保護者は子どもの発達を学校に託し、学校はそれに対して応えられる「実践」が期待されている。

　学校教育は子どもの発達を託されたところであるが、現今では、学校教育現場では、指導の内容や方法の問題、子どもたちの「心のケア」の問題、などを中心に、数多くの問題を抱え持っている。その中で、子どもの問題としては、具体的には、いじめや不登校、さらにはクラスの「荒れ」や「崩壊」などの問題があり、それらの一つ一つが大きな教育問題としてクローズアップされている。これらについては、塩見（2008）に詳しい。

　子どもの問題が顕現化した背景や原因としては、様々な要因が指摘できよう。そのうちの一つとして、学校の教育力が低下してきたことがある。もち

ろん、「教育力」ということでいえば、学校と家庭や社会は連動しているので、教育力の低下は何も学校だけの責任でなく家庭や社会も荷っているのであろうが、そのなかでも、学校に関わって述べれば、学校は、子どもたちの学習を押し進め、また、クラス集団の中で子どもたちの社会性の修得（社会化）や個性化を押し進めていく場である。しかしながら、その機能を押し進めていく教育力が不足してきたことが指摘されている。

　もとより、こういった問題はそれを引き起こす要因が複雑に輻輳しており、また、急に今、出現してきたものではないが故に、簡単に解決できる類の問題ではなくて、解決していくにはかなりの努力を必要とする。それらは、多くの人たちの英知を集めて対処していくことを必要とする類のものである。しかしながら、これらの問題が、難問だらけであったとしても、それらに立ち向かうのは、教育に関わる人たちの使命だといえる。

　そして、多くの人たちの英知を求めるとしても、さしあたって、個々の「問題」を抱えた子どもたちに対処していく学問体系が必要であるし、また、人が必要である。これらの問題に立ち向かう学問の一つとして「学校心理学」（スクールサイコロジィ）がある。アメリカやイギリスではすでに構築され、うまく機能しているといわれる「学校心理学」の体系を、日本でもしっかりと構築していく必要があるだろう。

　「学校心理学」とはどういうものか。それは、基本的には、子どもに関わって、「学習」を促進したり、「心の問題」を解決したりするための学問である。また、発達障害への支援なども含んでいる。「一人一人の子どもの発達」を研究・支援していく領域のこととも言える。一人ひとりの子どもたちは、各々学習の習得の様相が相違する。学習習得の遅い子どもには、習得の促進のための援助が必要である。また、情緒発達面での問題で、教師や友達に対してコミニケーションがうまくできない、友だちとうまく遊べないといった子どもへの発達の援助が求められる。そして、高校生などの場合、彼らへの進路指導や職業指導なども重要な仕事である。学校心理学に関わった仕事を

2

する人たちは「学校心理士」（スクールサイコロジスト）とよばれる。

　「学校心理士」の役割は、子どもたちの学習や心の発達を援助することにある。援助サービスには、①アセスメント、②コンサルテーション、③カウンセリング、がある。

　具体的には、①まず、子どもたちの状態や状況を知らなければならない。そこに含まれる作業は、心理検査、面接、調査、観察などである。その中で、心理検査は、基本的で、かつ重要な仕事である。具体的には、性格検査や知能検査を活用して子どもたちの発達の程度を知り、それを学習の進展の参考とする。こういった作業は「アセスメント」と呼ばれる作業である。アセスメントは、問題の所在、要因、経過などを専門的に把握して、問題解決への教育的援助の方向や方略を決定する活動であり、学校心理学のまず最初の重要な活動であり、柱の一つである。「学級崩壊」という場合、クラスの雰囲気や関与する子どもの心理などについて、学校や教師や保護者の相談を受ける。この場合、集団力学や、その他の諸々の学校心理学的な知見や心理学的知見も活用していくことになる。②学校現場での教師や家庭での親に対しての支援もある。その場合、方法としては一方的な指導とか助言ではなくて、彼らを肯定しながら、彼らがおこなうことのできるやり方で支援しながら、進めていくことが大切である。その作業は、「厳しい指導」ではなくて、彼らに協力して、子どもへの関わりについて一緒に考えたり、支援したりする。この「コンサルテーション」と呼ばれる作業は、第二の柱である。③そして、悩みをもった子どもへの直接的な援助がある。援助の方法の中心は、「カウンセリング」などである。カウンセリングを通して、子どもたちの苦戦や悩みへの対処を支援していく。カウンセリングのセッションを通して、さまざまな心理状態が顕わになってくるかもしれない。子どもたちの防衛機制や適応機制の「稚拙さ」が浮き彫りになってくるかもしれない。付け加えて述べれば、カウンセリングの目標としては、問題の除去のみでなく、クライエントの「自己理解を育てる」、「自己を強める」、ということを意識して

おこなっていくことも、子どもの精神発達に関わる「学校心理学」としては必要なことである。

　このように、学校心理学は、学習の促進や心のケアに関わって、子どもたちの発達を援助することに関わる領域の学問なのであるが、学校心理学に関わる人たち、つまり「学校心理士」の役割をまとめておくと、以下のようなことが挙げられる。

　(1)　子どもの成長発達を促進する役割。

　(2)　子どもを中心にして、保護者と教師とをつなぐ役割。

　(3)　そのために、カウンセリングやコンサルテーションをおこなう。

　(4)　学習の進捗に関わっては、教師や保護者への支援も大切である。学習指導についてのある程度の知識も必要である。

　また、学校心理士として子どもたちとコンタクトしていく時に、必要な条件は、

　(1)　基本的に深い人間愛を持つこと。

　(2)　子どもたち、保護者、教師を暖かく支援できること。

　(3)　教育の質を今よりも少しずつあげていく気概をもつこと。

などが挙げられる。

　そういう観点から、ここに、子どもたちの学校生活における問題に関わって、指導の道筋・方法を示し、押し進めていくのが「学校心理学」であり、この学問が、厳しい問題行動が露呈してきている日本の学校現場に適用されて、21世紀を生きていく子どもたちのサポートを展開していくことが期待される。

　学校心理士が望むことは、子どもたちの健全な心身の発達を願い、そして、支援することにある。

　それらの支援としては、上述した体系のもとで、

　(1)　すべての子どもがもつ発達上のニーズへの対応。（一次的援助サービス）

　(2)　登校しぶり、学習意欲の低下など、また、これから問題をもつことが

心配される子どもへの教育的配慮。（二次的援助サービス）

(3)　不登校、いじめ、LD（学習障害）など、特別な配慮を必要とする子ど
　　　もへの教育的援助。（三次的援助サービス）

などをおこなっていくことになる。

　学校心理士は、その働きが学校の内であれ外であれ、仕事の「内容」は学
校に関わるものが多いだけに、「学校教育」に可能な限り精通していること
が望ましいと思われる。学校のこと、教育のことについて、しっかりと理解
し、子どもと共に成長していきたい。

2．学校心理学の意義と特色

⑴　学校心理学の定義

　日本での学校心理学という学問体系や学校心理士の認定は比較的新しい。
しかし、日本の学校での、一人ひとりの子どもの状況に応じた学校教育相談
（例えば大野、1997a）、特別支援教育（障害児教育；例えば上野、2000）、養護教
諭の活動などは、一人ひとりの子どもへの心理教育的援助サービスと言える。
また平成7年度から登場した「スクールカウンセラー」も、学校における心
理学的援助サービスの担い手として期待されている（例えば、半田、2004）。
そこでこれらの日本における「心理教育的援助サービス」を基盤として、学
校心理学は心理教育的援助サービスの理論と実践を支える学問体系として、
以下のように定義される（石隈、1999）。

　学校心理学は、学校教育において一人ひとりの子どもが学習面、心理・社
会面、進路面、健康面における課題への取り組みの過程で出会う問題状況の
解決を援助し、子どもが成長することを促進する「心理教育的援助サービ
ス」の理論と実践を支える学問体系である。

　そして、学校心理学の中心概念である心理教育的援助サービスについては、
次のことが強調される。

①　心理教育的援助サービスでは、学習面、心理・社会面、進路面、健康面

など、子どもの学校生活がトータルに扱われる。

② 心理教育的援助サービスは、教師やスクールカウンセラーが保護者と連携して行われる。

③ 心理教育的援助サービスには、すべての子どもを対象とする活動から、特別な援助ニーズをもつ子どもを対象とする活動までが含まれる。

　ではなぜ今「学校心理学」なのか。今日、子どもをめぐってさまざまな問題がおきている。不登校は、子どもにとって学校生活が困難であるという状態をあらわしている。また LD（学習障害）、ADHD（注意欠陥／多動性障害）、高機能自閉症などの発達障害の子どもへの援助が、注目されている（上野、2000）。これらの問題は、学校教育、生徒指導、カウンセリング、障害児教育など、さまざまな領域で議論され、知見が蓄積されてきた。しかし、領域間での意見交換はまだそれほど進んでいない。学校心理学は、子どもの学校生活での苦戦について議論し、研究する共通の枠組みを提供し、子どもの学校生活を援助する知見を総合的に論じながら、援助サービスの向上をめざす。つまり学校心理学は、子どもの成長を促進する学校生活の質（Quality of School Life）について検討し、援助する共通のフォーラムとして意義がある（福沢・石隈・小野瀬、2004）。

(2)　学校心理士の基盤としての学校心理学の領域

　先述の定義のように、学校心理学は一つの学問だけで成立するものではなく、また研究だけに支えられたものではない。学校心理学は学校に通う子どものさまざまな問題を解決するとともに、そのような問題を引き起こす要因に対処したりして、学習の効果を高め、望ましい心身の発達を促進することをめざす心理学といえる（松浦、1998）。したがって、学校心理学では従来の心理学の知見・研究成果とその実践性を学校教育における児童生徒に起こる諸問題の解決に結びつけることが重要になる。このような観点から、学校心理学は次の心理学領域から構成されると考えられる。

　① 学校心理学に関する科目

② 教授・学習心理学に関する科目

③ 発達心理学に関する科目

④ 臨床心理学に関する科目

⑤ 心理教育的アセスメントに関する科目

⑥ 学校カウンセリングに関する科目

⑦ 特別支援教育に関する科目

⑧ 生徒指導・教育相談、キャリア教育に関する科目

　これらの科目は、現在それぞれが課題と研究方法を持っているが、学校心理学の定義に示されている主旨を実現するためには、いずれも重要であり、どれをも除外することはできない。特に、現在の学校教育実践の現状を考え、⑦特別支援教育に関する科目が2002年度から学校心理学を支える学問体系として組み入れられることになった。これらの領域と「学校心理学」を加えた八つの領域が学校心理士資格認定審査における試験問題の出題領域となる。

　大学院修士課程で学校心理学を学ぶということは、上記の科目を学習し、それらを統合して、教育実践に結びつけることができることを意味している。①、②、③、④の領域は学校心理学の心理学的理論の基盤となるものであり、⑦、⑧の領域は学校教育における学校心理学実践にあたり、⑤、⑥の領域は専門的技能に関する知見と高い実践能力を身につけるために必要なものである。

　学校心理学の実践は学校教育に関わる子どもの問題を中心課題とするので、学校教育に関する高い関心と適切な理解が重要な背景となる。心理教育的援助を必要とする子どもの問題が個人的側面の問題であっても、その要因が学校または学校教育となんらかの関連があるならば、学校教育に関する適切な理解が問題の解決に重要な鍵を握っていることはいうまでもない。

3．学校心理士の活動の概要

　心理教育的援助サービスにおいて学校心理士が果たす主要な役割は、心理

教育的アセスメント、カウンセリング、教師・保護者および学校組織へのコンサルテーション、コーディネーションなどである。学校心理士が学校の教員であるか、スクールカウンセラーであるか、教育センターの教育相談員であるかなどによって、役割や活動の範囲、位置づけなどが異なるが、ここでは、学校心理士の基本的な役割について概観する。

(1)　**心理教育的アセスメント**

　心理教育的アセスメントは、「子どもの学習面、心理・社会面、進路面、健康面などにおける問題状況について、情報を収集し、意味づけし、そして教育的な援助における判断（例：援助案の立案や修正）のための資料を作成するプロセス」であると定義される（石隈、1999）。例えば、学校心理士は、教師や保護者と一緒に、援助を必要とする子どもの発達の状況や学校生活の状況、および学級の雰囲気や家庭環境についての情報を集め、どのような援助を必要とするかを把握する。そして子どもの自助資源（子どもの学習スタイル、性格、体力、趣味などで子どもの問題解決に役立つどころ）と子どもの環境における援助資源（子どもに援助的に機能する人的資源や施設など）を把握する。

　心理教育的アセスメントは、子どもの学級担任や保護者を含む援助チームであることが望ましい。援助チームにおける学校心理士の役割は、①アセスメントの計画と実施に関する助言、②個別式知能検査など専門的なアセスメントの実施、③収集された情報の分析とまとめに関する助言などがある。アセスメントの計画や結果のまとめは、心理学や学校教育に関する高い能力が求められる。また WISC-IV や K-ABC や他の検査などを実施することが、学校心理士に期待される機会が増えている。

　心理教育的アセスメントは学校心理士の最も重要な役割であり、教師や保護者へのコンサルテーション、援助チームのコーディネーション、個別の教育計画作成のための基盤となる活動と言える。

(2)　**子どもへのカウンセリング**（直接的援助サービス）

　学校心理学では、カウンセリングを「子どもへの直接的な援助サービス」

と広義にとらえる。したがって、学校心理士によるカウンセリングは、個別または集団に対する面接、相談室や保健室での自由な活動の促進（半田、2004）、そして学級集団に対するスキルトレーニングまで幅広い。

　カウンセリングで目指されるのは、子どもの問題状況の解決、あるいは危機の回避や対処である。例えば面接を通して、学校生活における情緒面の苦悩の軽減や解決、進路に関する自己決定の援助などを行う。とくに、学習面で苦戦する子どもに対して、学習面での状況の理解、得意な学習スタイル（認知スタイル）の発見、学習方略の紹介、学習計画の援助、学力の向上などを通して学習の困難な状況を専門的に援助することは、学校心理士のきわめて重要な活動である（例：市川、2003）。

　子どもへのカウンセリングの機会は、子ども自身の自発的な来談の他に、教師や保護者からの依頼がある。学校心理士は、自分の立場（教育相談担当、特別支援教育担当、養護教諭、スクールカウンセターなど）を生かして、子どものカウンセリングに当たる。その際、自分のカウンセリングが、子どもへの全体的な援助サービスのなかでどう位置づけられるかを検討しながら、子どもをめぐるチーム援助の一環として行う。子どもの面接で得られた情報について、「学校心理士と子どもとの間での情報」（守秘義務の対象）、「援助チームで共有する方が望ましい情報」、「学校全体で共有する方が望ましい情報」などのどれにあたるのか、子どもと話し合いながら判断する。

⑶　**教師・保護者へのコンサルテーション**

　学校心理士はコンサルタントとして、学校心理学の専門家の立場から、教師や校長、保護者、地域の相談機関のスタッフなどのコンサルティ（コンサルテーションの受け手）が子どもの問題状況の解決を効果的に援助できるように働きかける。この子どもを直接援助する人を援助する働きかけをコンサルテーションという。異なった専門性や役割をもつ者同士（学校心理士、学級担任、保護者、部活の顧問など）が、援助が必要な子どものための「援助チーム」を結成して、子どもについての作戦会議を行うことは、コンサルテーション

の重要な場面である。また、教師や保護者の子どもへの援助能力の向上を目的とした研修会を企画したり学校やPTAが主催する研修会の講師を務めたりするサービスも、学校心理士のコンサルテーションの一つといえる。

　学校心理学では、保護者を「自分の子どもの専門家」であり、学校教育のパートナーとして尊重する。したがって保護者の相談は、苦戦する子どもの理解と援助に関するコンサルテーションといえる。しかし、保護者にとって子育ての問題は、自分の人生の問題である。また保護者が、子どもの問題状況をめぐって、心身ともに疲弊していることもある。このような場合は、保護者はカウンセリングニーズをもっているといえる。保護者のカウンセリングニーズについてのアセスメントを行いながら、どうコンサルテーションを行うかについて判断することが、学校心理士にとっての課題となる。学校内で保護者のカウンセリングニーズに応じることには限界がある。スクールカウンセラーの活用や、外部機関との連携が必要である。

⑷　学校組織へのコンサルテーション

　学校心理士による心理教育的援助サービスが学校組織を対象とするとき、その影響力は一段と大きくなる。学校心理士は、心理教育的コンサルタントとして学校が子どもの学習と発達の場所としてよりよく機能するように働きかける。学校組織へのコンサルテーションには、管理職へのコンサルテーション、「不登校対策委員会」「いじめ対策委員会」「障害児支援委員会」などの委員会へのコンサルテーションなどがある。定期的なコンサルテーションもあれば、特定の子どもの援助をめぐって教育システムを考え直すコンサルテーションに発展することもある。コンサルテーションのテーマの例としては、教室におけるLDやADHDなど障害のある子どもへの援助、スクールカウンセラーの活用のあり方などがある。すなわち学校心理士は、子どもの学習面、心理・社会面、進路面、健康面での問題に学校として取り組むよう援助するのである。

(5) コーディネーション

　学校心理士は、子どもの成長を促進する学校教育のサービスの重要な担い手である。学校心理士は自ら、子ども、教師・保護者、学校組織に対して心理教育的援助サービスを行いながら、教師・保護者などによる心理教育的援助サービスのコーディネーションを行う。コーディネーションとは、子どもの援助者が集まり、子どもの苦戦する状況についての情報を収集しながら、子どもに対する援助方針を共有し、援助活動をまとめるプロセスである。子どもの学校生活における苦戦が多様化し、また学校教育に関わる援助資源も多様化するなかで、心理教育的援助サービスのコーディネーションがきわめて重要な役割となっている。教育相談や特別支援教育のコーディネーションは、担任、保護者、コーディネーターなどからなる子どもの「個別の援助チーム」や、生徒指導・教育相談担当、特別支援教育担当、養護教諭、管理職などからなる「コーディネーション委員会」（例、校内支援委員会）を活用して行われる。このコーディネーションにおいて中核となるのが特別支援教育コーディネーターであり、教育相談のコーディネーターである。学校心理士は、コーディネーターを担うことのできる人材のひとつである。

4．学校心理学とその近辺領域の異同と学校心理士の活動の特色

　学校心理学は、一人ひとりの子どもの学校生活に関する心理教育的援助サービスの理論と実践の体系である。したがって、学校心理学は学習支援、学校教育相談、特別支援教育（障害児教育）、養護教諭の活動、スクールカウンセラーの活動などをカバーする「最小公倍数」として体系づけられている。その結果学校心理学がカバーする活動領域は大きくなる傾向がある。

　学校心理学は、援助活動に関連する、教育心理学、臨床心理学、カウンセリング心理学と共通のところが多い。学校心理士が行う心理教育的援助サービスの「最大公約数」（中核の活動）に焦点をあてて三つの隣接領域との主な異同について、石隈（2004）により以下のようにまとめられている。

(1) 　教育心理学

　教育心理学は、「教育という事象を理論的・実証的に明らかにし、教育の改善に資するための学問」と定義される（市川、2003、p. 6）。教育心理学で強調されるのは、教育心理学の中核概念である「教育」活動における心理学の研究と貢献である。学校心理学は心理教育的援助サービスという教育活動の理論と実践の学問体系であるので、教育心理学は学校心理学のもっとも重要な基盤となる。

　一方、教育心理学と学校心理学は以下の点で異なる。

① 　教育心理学は心理学の一分野と言えるが、学校心理学は学校教育と心理学双方のさまざまな領域の統合をめざす。

② 　教育心理学は学校教育だけでなく家庭教育や社会教育も含むが、学校心理学は学校教育に焦点を当てる。

③ 　教育心理学は教育活動全般を扱うが、学校心理学は教育における援助サービスに焦点を当てる。

(2) 　臨床心理学

　臨床心理学は、心や行動が病的な状態に陥っている人びとの心理を対象とする、専門的な援助学と定義されている（村瀬、1990）。そして臨床心理学の中核概念である「心理臨床」について、「自己の人生の物語を生きることの援助」としている（下山、2000）。学校心理学における心理教育的援助サービスは、一人ひとりの子どもの問題状況の解決を援助する活動であり、臨床心理学と共通するところも多い。

　一方、学校心理学と臨床心理学は以下の点で異なる。

① 　臨床心理学は「個人」に焦点を当てるが、学校心理学は「環境のなかにいる個人」に焦点を当てる。したがって、心理教育的援助サービスは、環境面への介入という視点を重視する。

② 　臨床心理学は内的世界に焦点を当てるが、学校心理学は学校生活という現実世界に焦点を当てる。たとえば学校心理学では「障害」をもちながら

どう学校生活を充実させるかに焦点を当てる。

③　臨床心理学は個人の認知・情緒・行動面での偏りに起因する問題に注目
　　するが、学校心理学は、すべての子どもを対象とする。臨床心理学にとっ
　　ては、異常心理学の占める位置が大変大きい。

⑶　カウンセリング心理学

　カウンセリング心理学における中核の活動は、カウンセリングである。そ
して「カウンセリング」は、個人が遭遇する困難を克服してその人なりの特
徴をフルにいかして生きていけるようになるのを助ける専門的援助過程であ
ると定義されている（渡辺、2001）。学校心理学における心理教育的援助サー
ビスは、子どもの自助資源を発見し促進しながら、子どもの問題解決と成長
を援助する活動であり、カウンセリング心理学と共通するところは多い。

　一方、学校心理学とカウンセリング心理学は以下の点で異なる。

①　カウンセリング心理学は乳幼児から高齢者までを対象として、結婚・家
　　族、産業、学校などで幅広いトピックを扱うが、学校心理学は学校教育の
　　トピックに焦点を当てる。

②　カウンセリング心理学はカウンセラーによるクライエントへの面接を中
　　核的な活動とするが、学校心理学は子どもへの援助チームの活動を重視す
　　る。つまりカウンセリング心理学では子どもへのカウンセリング（直接的
　　援助）が中心であり、学校心理学では問題状況のアセスメントに基づく
　　（援助者への）コンサルテーション（子どもに対しては間接的な援助）が重要で
　　ある（國分、1998）。

③　カウンセリング心理学は専門家によるカウンセリングに焦点を当てるが、
　　学校心理学は専門家と非専門家を含むチーム援助を強調する。

⑷　学校心理士の活動の特色

　学校心理士の活動の特色は、次の八つにまとめることができる。

　　①　学校心理士は学校教育の一環として援助サービスを行う。

　　②　学校心理士はすべての子どもを援助活動の対象とする。

③ 学校心理士は子どもの学校生活（学習面、心理・社会面、進路面、健康面など）における問題解決の援助を行う。

④ 学校心理士は LD、ADHD（注意欠陥／多動性障害）、高機能自閉症など障害のある子どもの学校生活の充実にむけて援助する。

⑤ 学校心理士は教師、保護者、地域の援助者（専門家、非専門家）と援助チームを作りながら援助サービスを進める。

⑥ 学校心理士は、心理教育的援助サービスのコーディネーションに貢献することができる。

⑦ 学校心理士は、教師・保護者・学校組織へのコンサルテーションを通して、子どもの教育環境の改善に向かって努力する。

⑧ 学校心理士は視点の異なる臨床心理士やカウンセラーなどと連携することによっていっそう援助効果をあげることができる。

5．引用文献

福沢周亮・石隈利紀・小野瀬雅人（責任編集）日本学校心理学会（編） 2004 学校心理学ハンドブック　教育出版

半田一郎　2004　学校心理士によるカウンセリングの方法　学会連合資格「学校心理士」運営認定機構（企画・監修）石隈利紀・玉瀬耕治・緒方明子・永松裕希編　2004　講座「学校心理士―理論と実践」2　学校心理士による心理教育的援助サービス　北大路書房　pp. 152-163.

市川伸一　2003　教育心理学とは　日本教育心理学会（編）　教育心理学ハンドブック　有斐閣　pp. 1-7.

石隈利紀　1999　学校心理学―教師・スクールカウンセラー・保護者のチームによる心理教育的援助サービス　誠信書房

石隈利紀　2004　学校心理学とその動向―心理教育的援助サービスの実践と理論の体系をめざして―　心理学評論　47，332-347.

國分康孝　1998　カウンセリング心理学入門　PHP研究所

村瀬孝雄　1990　臨床心理学　國分康孝（編）　カウンセリング事典　誠信
　　書房　pp. 578.

大野精一　1997　学校教育相談—理論化の試み　ほんの森出版

下山晴彦　2000　心理臨床の基礎Ⅰ—心理臨床の発想と実践　岩波書店

塩見邦雄（編）　2008　教育実践心理学　ナカニシヤ出版

田村節子・石隈利紀　2003　教師・保護者・スクールカウンセラーによるコ
　　ア援助チームの形成と展開—援助者としての保護者に焦点をあてて—　教
　　育心理学研究　51，328-338.

上野一彦　2000　学校教育における LD 児の発見と対応—学習障害に関する
　　調査協力者会議の意義と残された課題　LD 研究　8(2)，2-11.

渡辺三枝子　2001　新・カウンセリング心理学　ナカニシヤ出版

第2章　学校心理士と他の資格

1．はじめに

　学校心理士に関連する他の資格について、心理支援に関する国家資格、カウンセリングの専門性に関する資格、教師カウンセラーとしての専門性に関する資格、発達支援や障害児教育支援の専門性に関する資格に分けてみていく。それぞれ「公認心理師」、「臨床心理士」と「認定カウンセラー」、「特別支援教育士」と「臨床発達心理士」、「学校カウンセラー」と「教育カウンセラー」をとりあげる。

2．公認心理師

　公認心理師は、日本における心理職の国家資格である。2015年9月9日に公認心理師法が成立し、2017年9月15日に施行された。そして、一般財団法人日本心理研修センターが、指定試験機関・指定登録機関に指定され、資格の試験と登録を運営している。第1回公認心理師試験は、2018年9月9日および12月16日（追加試験）に実施され、9月9日実施分については合格者数が27,876人、12月16日実施分の合格者数は698人であった。

　公認心理師法において、公認心理師とは、「公認心理師登録簿に登録を受け、公認心理師の名称を用いて、保健医療、福祉、教育その他の分野において、心理学に関する専門的知識及び技術をもって、次に掲げる行為を行うことを業とする者」とされている。

① 　心理に関する支援を要する者の心理状態の観察、その結果の分析

② 　心理に関する支援を要する者に対する、その心理に関する相談及び助言、指導その他の援助

③ 　心理に関する支援を要する者の関係者に対する相談及び助言、指導その他の援助

④　心の健康に関する知識の普及を図るための教育及び情報の提供

　このように公認心理師は、保健医療、福祉、教育、司法・犯罪、産業・労働の領域にわたり心理支援を行うことができる、汎用性のある資格となっている。すなわち、公認心理師は「心理支援の総合職」（石隈、2019）なのである。これに対して学校心理士は心理学と学校教育学を統合する学校心理学に基づき、とくに教育領域において心理教育的援助サービスを行う専門家といえよう。公認心理師はスクールカウンセラーなど心理職を支える資格であり、学校心理士は教育領域においてスクールカウンセラーなどの心理職だけでなく教育相談・特別支援教育コーディネーターなど心理教育的援助サービスに強い教師を支える資格と言える。

3．カウンセリングの専門性に関する資格
〈臨床心理士〉 fjcbcp.or.jp
　財団法人日本臨床心理士資格認定協会が認定する資格である。臨床心理学の知識や技術を用いて心理的な問題を取り扱う「心の専門家」として、教育、医療・保健、福祉、司法・矯正、労働・産業の各分野の幅広い職域で活躍できる。2014年現在28,080人が資格を認定されている。教育分野では、文部科学省が派遣する「スクールカウンセラー」の任用を「臨床心理士等」として規定しているためもあり、学校でスクールカウンセラーとして仕事をする人が多い。

　1988年に日本心理臨床学会を中心に心理臨床に関連のある16の学会によって「日本臨床心理士資格認定協会」が設立され、その後文部科学省から公益法人格をもつ財団法人として認められた。資格の認定は、認定協会が指定した大学院修士課程または臨床心理士養成に関する専門職大学院の修了と試験によって行われる。試験は一次試験（筆記）と二次試験（口述面接）によって行われ、内容は、臨床心理査定、臨床心理面接、臨床心理的地域援助及びそ

れらの研究調査等に関する基礎的知識及び技能についてとなっている。

〈認定カウンセラー〉www.jacs1967.jp

　日本カウンセリング学会が認定する、職能を規定しない一般的なカウンセラーの資格である。カウンセラーに共通する基本的な知識・技術を身につけている。2014年現在約900人が取得している。

　1989年から資格の認定を開始した。認定の方法は三つの方式で行われる。学会員で一定の学識と能力を有する人に面接試験を実施して認定する第一方式（2010年度で廃止）、「認定カウンセラー養成カリキュラム」による一定の研修を積んだ学会員に資格認定試験（筆記・面接）を行う第二方式、人格識見ともに優れ大学等でカウンセリングの教育や実践的研究、長年にわたる指導的な実績を持つ者を資格取得者が推薦し、学会が審査する第三方式である。指定大学院制度を有し、在籍・修了者は第二方式の筆記試験が免除される。

４．発達支援、障害児教育支援の専門性としての資格

〈特別支援教育士〉www.sens.or.jp

　略称をSENS（Special Educational Needs Specialist）といい、一般財団法人特別支援教育士資格認定協会によって認定される。LD・ADHD等の心理・教育アセスメント、指導、コンサルテーションに関する専門性をもつ。とくに認知能力のアセスメントと、それにもとづく教科指導の専門性を特色とする。LD、ADHD、高機能自閉症等あらたに特別支援教育の対象になった児童生徒の相談、教育の専門家の養成のニーズに答えるためにつくられた資格である。資格取得者には小・中学校の教員も多く、各学校での特別支援教育推進のキーパーソンとなる「特別支援教育コーディネーター」として活躍することが期待されている。さらに、特別支援教育士の養成、地域での中心的役割を担う、特別支援教育士スーパーバイザー（SENS-SV）が認定されている。2018年現在あわせて5,053人が資格をもつ。

　2002年から認定を開始した。日本LD学会の学会員であることが条件にな

っている。「特別支援教育士養成プログラム」（概論・アセスメント・指導・SENS の役割・実習を含む）による養成講座で規定の単位を取得後、試験が行われる。独立行政法人国立特別支援教育総合研究所及び各地の教育委員会が行う研修講座、大学院での現職教員教育で行われる講座や授業で一定の条件をみたすと単位を振替える制度がある。

〈臨床発達心理士〉 www.jocdp.jp

　一般社団法人臨床発達心理士認定運営機構によって認定される。生涯発達の過程で出会う多様な問題を解決する個人を発達心理学の専門性にもとづいて支援する。子育て支援、特別支援教育、思春期の社会的適応、高齢者への支援など現代的な課題に柔軟に対応していくことを特徴とする。すでにこれらの領域で仕事をしている現職者の専門性の向上、職域の拡大も目指す。2014年現在約3,300人が資格を持つ。

　2003年に、日本発達心理学会を中心とした学会連合資格としてはじまり、2009年度から関連4学会（日本発達心理学会・日本感情心理学会・日本教育心理学会・日本コミュニケーション障害学会）の連合資格となっている。指定の5科目（臨床発達心理学の基礎・臨床発達支援の専門性・認知発達と支援・社会情動の発達と支援・言語発達と支援）を履修した発達心理学隣接諸科学大学院修士課程の修了者で、200時間以上の臨床実習を条件とし、試験によって認定される。指定科目は「指定科目取得講習会」で履修することもでき、一定の臨床経験を有する現職者も申請できる。

5．教師カウンセラーとしての資格

〈学校カウンセラー〉 jascg.info

　日本学校教育相談学会が認定している。学校の中で教育相談のリーダーとして活躍するにふさわしい教師に資格を付与するという主旨でつくられた。学級担任への援助、子どもと保護者への援助、専門機関との連携、学校教育相談の研究・研修の推進、校内での学校教育相談に関する計画の企画・運営

を遂行することが求められる。2014年現在約800人が認定されている。

　認定は1996年から始まり、教職経験、相談活動、研究実績、研修実績など学校カウンセラーにふさわしい基礎資格をもった学会員を各支部が推薦し、面接により認定している。

〈教育カウンセラー〉www.jeca.gr.jp

　NPO法人日本教育カウンセラー協会が認定する。小・中学校の教師を中心に、個人や集団を対象にして、「育てる」観点から、予防と開発を重視して行う「教育カウンセリング」の考え方と方法を身につけた教育の実践的専門家である。職務として学級経営、進路指導、対話のある授業、特別活動、サイコエデュケーション、個別面接、ガイダンス、問題予防のカウンセリング、コンサルテーション、コーディネーション、地域や家庭の支援、調査研究、指導の諸領域で実践活動を行うよう求められている。2017年現在約12,000人が認定されて活躍している。

　1999年から認定を開始した。知識・技能・経験などに応じて、初級・中級・上級の３種があり、それぞれの認定条件と試験によって資格が与えられる。

６．学校心理士との関連は？

　他の資格との関連でみると学校心理士は、教師カウンセラーのもつ専門性と発達支援・障害児教育支援の専門性をあわせもつが、教師カウンセラーと比べ、心理教育アセスメントを役割のひとつとして重視しているといえるだろう。また、学校でスクールカウンセラーとして仕事をしている臨床心理士と比べると、カウンセリングの専門性という共通点の他に、学校心理士は、学校教育の一環として援助サービスを行うこと、教師・保護者とのチームによる援助を強調することといった異なる特徴をもっている。各資格は、その専門性を保証し向上させるために講習会や研究会を開催しており、自分が重点を置く専門性と関連するこれらの資格をあわせて取得することにより、そ

の専門性をさらに高めることも考えられるだろう。

7. 引用文献

石隈利紀　2019　公認心理師制度の概要と課題　臨床精神医学, 48, 549-
　556.

第2部　学校心理学とそれを支える心理学的基礎

第3章　学校心理学

「学校心理学」の領域を紹介し、学校心理学の学習課題を示す。

1．学校心理学とは

　学校心理学は心理教育的援助サービスの理論と実践を支える学問体系である。学校心理学は、心理学と学校教育の知見を融合することをめざしている。学校心理学が提供する心理教育的援助サービスの基本的な考え方や援助サービス実践のモデルについて学習すると同時に、学校心理学とその近辺領域の異同について理解する。

⑴　心理教育的援助サービス

１）心理教育的援助サービスとは

　心理教育的援助サービスとは、一人ひとりの子どもの問題状況の解決や危機状況への対応を援助し、子どもの成長を促進することをめざした教育活動である（石隈、1999）。心理教育的援助サービスは、「援助サービス」、「教育援助」などと言われることもある。心理教育的援助サービスはすべての子どもを対象とし、教師、保護者、スクールカウンセラーら子どもの援助者はチームで子どもを援助する。心理教育的援助サービスの特徴の理解が、学習課題になる。

２）学習面、心理・社会面、進路面、健康面における援助

　心理教育的援助サービスにおいては、子どもの学習面、心理・社会面、進

路面、健康面などの学校生活における問題状況の解決をめざす。援助サービスは学校生活を通して子どもの成長を援助する教育活動であり、援助の焦点は①子ども自身：発達の状況、学校生活の状況（例、学力、対人関係）、②子どもと学級・学校の適合、③子どもの環境の3つに整理できる。子ども自身の問題だけでなく、子どもの環境のもつ力や問題、子どもの学習様式・行動様式と環境の要請行動のマッティング（近藤、1994）、子どもと場の折り合い（田上、1999）について、理解し援助する意義と方法について学習する必要がある。

(2) 学校心理学の3つの柱

　学校心理学は、心理学と学校教育の諸領域の知識や方法が統合されている学問体系である。学校心理学は心理教育的援助サービスを支える実践的な学問体系であるので、援助する子どもの問題状況に応じて異なる領域が強調される。しかし学校心理士は心理学と学校教育における基本的な知識と方法を獲得し、さまざまな子どもの援助ニーズに応じる必要がある。

　学校心理学と学校心理学を支える主な3つの柱および学校心理学に関連する大学院の領域科目は以下の通りである。

① 学校心理学とそれを支える心理学基盤（子どもの学習や発達および行動や人格などに関する心理学や行動科学の理論と方法）：学校心理学のコアとなる学問領域であり、大学院の科目領域としては、「学校心理学」、「教授・学習心理学」、「発達心理学」、「臨床心理学」が含まれる。

② 心理教育的援助サービスの方法（子ども、教師、保護者、学校組織に対する心理教育的援助サービスの理論と技法）：学校心理士の援助スキルの科目領域であり、「心理教育的アセスメント」、「学校カウンセリング・コンサルテーション」が含まれる。

③ 学校心理学的援助の実際（学校教育に関する理論と方法）：実務の科目領域であり、「生徒指導・教育相談、キャリア教育」と「特別支援教育」が含まれる。生徒指導では、すべての子どもを援助することを基盤にし

て、援助ニーズの高い子どもへの援助を加えていく。一方特別支援教育では、特別な教育ニーズのある子どもへの援助を適切に行いながら、すべての子どもの援助に発展させていく。

(3) 学校心理学とその近辺領域の相違

　心理教育的援助サービスを中核の概念とする学校心理学は、学校教育における子どもへの援助に関する学問であり、教育心理学、カウンセリング心理学、臨床心理学と共通するところが大きい。一方学校心理学は、これらの領域といくつかの相違がある（石隈、2004）。学校心理学と教育心理学、臨床心理学、カウンセリング心理学との異同については、第1章を参照されたい。

2．心理教育的援助サービスのモデル

(1) 4種類のヘルパー

　子どもへの心理教育的援助サービスは、教師、保護者、スクールカウンセラーらによるチーム援助である。子どもへの心理教育的援助を担う、援助者（ヘルパー）の役割についてきちんと学習する必要がある。ここでは、学校心理学が提唱する4種類のヘルパーについて簡単に紹介する。

　第一に「専門的ヘルパー」とは、心理教育的援助サービスを主たる仕事とする援助者のことであり、学校心理士の資格をもつ者は専門的ヘルパーの資質をもつ。日本では学校心理学の専門的ヘルパーとして教育相談センターの相談員、スクールカウンセラー、スクールソーシャルワーカー、適応指導教室の指導員などが、活動している。さらに教育相談担当、特別支援教育担当の教師や養護教諭など専門的な援助を提供できる教師は、専門的ヘルパーとして期待されている（大野、1997）。とくに特別支援教育コーディネーターや教育相談のコーディネーターは、専門的ヘルパーとしての機能が求められている。

　第二に「複合的ヘルパー」とは、複合的な仕事に関連して心理教育的援助サービスを行う援助者である。すべての教師は複合的ヘルパーに当たる。教

師は授業や特別活動を通して、また学級担任や部活動の顧問として、子ども
の学校生活を援助している。日本では教師は子どもの成長に幅広くかかわり、
心理教育的援助サービスの基礎的な知識やスキルが求められる。

　第三に「役割的ヘルパー」とは、役割の一つとして心理教育的援助を行う
援助者で、子どもの保護者がこれにあたる。保護者にとって、子育てが困難
な時代とも言える。保護者が役割的ヘルパーとして機能するよう援助が求め
れられる（田村・石隈、2003、2007）。

　第四に「ボランティア的ヘルパー」とは、自分の職業や家族などの役割と
関係ないところで、自発的に援助を行う援助者のことである。子どもの友人、
地域の住民などがボランティア的ヘルパーになる可能性がある。学級の子ど
もが自発的に友人を援助するとき、そのボランティア的な行動を大切にしな
がら、援助する子どもにとっても、援助される子どもにとっても、学級にと
っても成長の機会にするような工夫が必要である。

(2)　3段階の心理教育的援助サービス

　心理教育的援助サービスはすべての子どもを対象とする。子どもの援助ニ
ーズに応じて援助サービスを行うが、便宜的に一次的援助サービス、二次的
援助サービス、三次的援助サービスの3段階の援助サービスに分けて整理で
きる（石隈・田村、2018）（図3-1参照）。3段階の援助サービスの特徴、それ
ぞれの段階の援助サービスにおける学校心理士の役割について学習する必要
がある。

　一次的援助サービスとはすべての子どもを対象に行う発達促進的な援助サ
ービスである。発達促進的援助は、子どもが発達する人間として、また学校
生活を送る児童生徒として、課題に取り組むための力（例：学習スキルや対人
関係スキルなどの学校生活スキル（飯田・石隈、2002））を高めることである（國
分、2000）。さらに、多くの子どもが共通してもつ課題（例：入学時の適応）に
対して事前に、準備的な援助（例：オリエンテーション）を行うものである。
また分かりやすい授業づくりや自分を発揮できる学級づくり、そして親切な

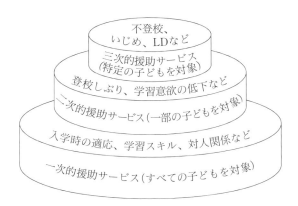

図 3-1　3 段階の心理教育的援助サービス、その対象、および問題の例
（石隈・田村、2018）

　学校環境の整備（例：掲示物を分類して分かりやすくする）なども、重要な一次的援助サービスである。学校心理士は、一次的援助サービスを計画するためのコンサルテーションを行ったり、実際の援助サービスを協働で行ったりする。

　二次的援助サービスとは、登校しぶり、学習意欲の低下、学級での孤立など、学校生活の苦戦が始まったり、転校生など問題をもつ危険性の高い子どもに対する援助サービスである。二次的援助サービスとは、子どもの問題状況を早期に発見し、問題状況のアセスメントを行いながらの適時の援助であり、まさに予防的な援助サービスである。SOS チェックリスト（石隈・田村、2003）や QU（河村、1998）などを活用して、子どもの苦戦に気づくことが必要である。学校心理士による担任や保護者へのコンサルテーションは、二次的援助サービスにおいて有効である。

　三次的援助サービスとは、不登校、LD、ADHD などの発達障害（上野、2003）、あるいはいじめ、非行などの問題状況により特別な援助を個別に提供する必要のある特定の子どもへの援助サービスである。子どもに関わるヘルパー（学級担任、保護者、養護教諭、コーディネーターなど）の援助チームで、

子どもの状況について、ていねいなアセスメントを行い、共通の援助方針を含む「個別の指導計画」を立案し、それに基づいて援助サービスを行う。学校心理士は援助チームにおいて、専門的なアセスメントの実施やアセスメント結果のまとめ、子どもへのカウンセリング、コンサルテーションなどの活動が期待される。学校心理士が援助チームのコーディネーターになる機会も増えている。

⑶　心理教育的援助サービスにおける三層のシステム

　学校心理学では、「子どもが、トータルとしてどのような援助を受けているか」に焦点をあてる。したがって、心理教育的援助サービスが複数の援助者や学校組織で提供されるシステムについて学習する必要がある。学校心理学では、心理教育的援助サービスのシステムについて、図3-2に示されているような3種類の援助チームで整理される（石隈、1999、2004）。

1）特定の子どものための「個別の援助チーム」

　子どもの学校生活での苦戦に気づいた、学級担任、特別支援教育コーディネーター、または保護者の呼びかけで、「個別の援助チーム」が立ちあがる。個別の援助チームの基本形は、「担任、保護者、コーディネーターの役割をもつ者（例：特別支援教育コーディネーター、教育相談担当、養護教諭、スクールカ

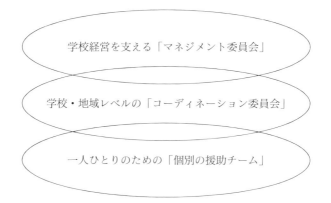

図3-2　心理教育的援助サービスのシステム（石隈、1999）

ウンセラー）の三者からなるコア援助チーム」である（田村・石隈、2003）。活用する援助資源により「拡大援助チーム」「ネットワーク型援助チーム」がある。さらに当事者である子どもが参加する「子ども参加型チーム援助」（田村・石隈、2017）もある。援助チームでは、①アセスメント（自助資源、援助資源を含む）②援助方針の決定③援助案の作成④役割分担⑤期限の明確化などについて相互コンサルテーションを行い、①〜⑤について評価しながら子どもへの援助をタイムリーに進めていく。発達障害のある子どもの場合には、相互コンサルテーションの結果を生かしながら継続して支援していく必要がある。学校心理士には、コーディネーターとしてチームメンバーの対等性と協働を促進することが期待される。

２）学校・地域レベルの援助サービスのコーディネーションを行う「コーディネーション委員会」

　学校全体での心理教育的援助サービスのコーディネーションを行う委員会であり、「校内（支援）委員会」「教育相談部会」「生徒指導部会」などがこれにあたる。学年会も、学年におけるコーディネーション委員会と言える。コーディネーション委員会は、教育相談担当、特別支援教育コーディネーター、養護教諭、そしてスクールカウンセラーなど、援助サービスのリーダーと管理職から構成され、定期的に開催される。

　コーディネーション委員会の目的は、主として①不登校や発達障害などで苦戦している子どもの援助サービスに関して、学校レベルで検討すること、および②心理教育的援助サービスにおける課題（例：不登校の子どもの援助システムについての検討、研修の企画）について話し合うことである。コーディネーション委員会には、①コンサルテーションおよび相互コンサルテーション、②学年、学校レベルの連絡・調整、③個別のチーム援助の促進、④マネジメントの促進の四つの機能があると考えられる（家近・石隈、2003）。学校心理士は、コーディネーション委員会においてコンサルタントやコーディネーターの役割を担うことが期待される。

3）心理教育的援助サービスの運営を担う「マネジメント委員会」

　心理教育的援助サービスの充実には、マネジメントが鍵を握る。ここでは
マネジメントとは、経営、運営、管理を意味する。そして心理教育的援助サービスのマネジメントは、「学校教育全体のシステムを支え、学校教育に関する意志決定（例：予算、人的配置、教育目標）を行う」という学校経営の、ひとつの柱である。そして「マネジメント委員会」（例：運営委員会、企画委員会）は、管理職、学年主任、生徒指導主事等から構成され、恒常的で定期的に開催される。マネジメント委員会では、学校の子ども達の学校生活の状況や援助ニーズを把握し、学校自体がもつ資源（例：教職員の力、地域の力）は何かということを明確にしながら、心理教育的援助サービスに関連して、教育目標や学校行事などについて話し合われる。マネジメント委員会には、「情報共有・問題解決」「教育活動の評価と見直し」「校長の意志の共有」の三つの機能があると指摘されている（山口・石隈、2010)。学校心理士は、心理教育的援助サービスのマネジメントに関して、管理職や運営委員会に対してコンサルテーションを行うことができることが望ましい。

3．学校心理士の活動

　学校心理士は、心理教育的援助サービスについての高い能力を体系的にもつ専門家である。学校心理学に関連する8領域の理論と方法を中心に、心理学と学校教育についてしっかり学習することが大切である。

(1)　学校心理士が行う援助サービス

　学校心理士は学校心理学について専門的な教育を受け、アセスメント、コンサルテーション、カウンセリング、コーディネーションなどの援助サービスを行えることが必要である。同時に、学校心理士が行う援助サービスの特徴や学校心理士に期待される役割について学習することが必要である。

　第一に、学校心理士は心理教育的アセスメントの専門家である。心理教育的アセスメントとは、子どもの問題状況（例：子ども自身、子どもの環境、子ど

もと環境の適合）について情報を収集し、意味づけすることにより、子どもへの援助サービスに関する意志決定（例：援助方針の決定、教育計画作成）の資料を提供するプロセスである。学校心理士は、援助チームによる共同のアセスメントをまとめる他、個別の知能検査の実施など専門的なアセスメントを実施する。

　第二に、学校心理士は、子どもへの直接的な援助サービス（広義のカウンセリング）を行う（半田、2004）。学校生活（学習面、心理・社会面、進路面、健康面など）の苦戦や危機に関して、個別にまた集団にカウンセリングを行う。とくに学校心理士は、子どもの学習面の問題についてのカウンセリングができる。また子どもの学習面の問題を援助する力は、カウンセリングにおいて子どもの問題を総合的に援助することに役立つ。

　第三に、学校心理士は、教師、保護者、および学校組織に対してコンサルテーションを行う。学校心理士は、子どもを直接援助する教師、保護者が子どもにより援助的に関わるよう働きかける。また学校心理士は、学校組織が充実した心理教育的援助サービスを行うように、そして教育環境がよくなるよう働きかける。

　第四に、学校心理士は子どもの個別の援助チームレベル、およびコーディネーション委員会レベルで、心理教育的援助サービスのコーディネーションを行う。コーディネーションにおいては、「状況判断能力」「専門的知識」「援助チーム形成能力」、「話し合い能力」が必要とされる（瀬戸・石隈、2002）。

４．教師・保護者らとのチーム援助
　学校心理士は、チーム援助の考え方と実践について学習する必要がある。
(1)　チーム援助の考え方
　チーム援助は学校心理学の実践を貫く代表的な発想であり、学校心理士の中心的な活動である。チーム援助の考え方は、コミュニティ心理学の考え方と通じるものがある。

① 学校はひとつのコミュニティである。
② みんな（学校や地域の関係者）が子どもを援助する資源である。
③ 子どもの問題は、子どもと環境との相互作用で起こる。
④ 子どもの学校生活全体を援助する。

(2)　チーム援助の実践

　子どもを援助するチームでは、お互いがコンサルタントになる。したがって援助チームにおけるプロセスは、「相互（の）コンサルテーション」と言える。スクールカウンセラーは教師や保護者の子どもへの援助に関してコンサルタントになるが、同時に面接場面での問題解決においてはスクールカウンセラーは教師や保護者のコンサルティになる。同様に教師は家庭での子育てに関して保護者のコンサルタントになるが、学級での子どもとの関わりについては保護者の提案が役立ち、保護者のコンサルティになる。学校心理士（スクールカウンセラー、教師）は、コンサルタントになる訓練とコンサルティになる訓練が必要である。

　学校心理士が教師や保護者へコンサルテーションを行うときは、教師や保護者を援助者の一人として対等にかかわり、教師の誇りや保護者の思いを尊重することが重要である。とくに保護者の心身の疲弊が大きいときは、学校心理士は保護者のカウンセリングニーズ（個人的な課題を解決するニーズ）を満たしながら、コンサルテーションニーズ（子どもの学校生活を援助する保護者としての関わりを改善するニーズ）を満たすことになる（田村・石隈、2007）。

　チーム援助促進において、石隈・田村（2003）が学校心理学に基づいて開発した「プロフィールシート」「援助チームシート」「援助資源チェックシート」などは、チーム援助の考え方に基づくツールである（図3-3・図3-4）。チーム援助においては、子どもの学校生活（学習面、心理・社会面、進路面、健康面）についてのアセスメントを行い、具体的な援助について検討し、実施する。学校心理士は、援助チームにおいてコンサルタントの役割やコーディネーターの役割を担うことが期待される。

【石隈・田村式 援助チームシート 5領域版】　実施日　：年　月　日（　）　時　分〜　時　分第　回
次回予定：年　月　日（　）　時　分〜　時　分第　回
出席者名

苦戦していること（　　　　　　　　　　　　　　　　　　　　　　　　　　　　　　　　　　　　）

児童生徒氏名　　年　組　番　担任氏名	知的能力・学習面（知能・学力）（学習状況）（学習スタイル）など	言語面, 運動面（ことばの理解や表現）（上下肢の運動）など	心理・社会面（情緒面）（人間関係）（ストレス対処スタイル）など	健康面（健康状況）（視覚・聴覚の問題）など	生活面・進路面（身辺自立）（得意なことや趣味）（将来の夢や計画）など
情報のまとめ　（A）いいところ 子どもの自助資源					
（B）気になるところ 援助が必要なところ					
（C）してみたこと 今まで行った、あるいは、今行っている援助とその結果					
援助方針　（D）この時点での目標と援助方針					
援助案　（E）これからの援助で何を行うか					
（F）誰が行うか					
（G）いつからいつまで行うか					

図 3-3　援助チームシート（石隈・田村、2018）

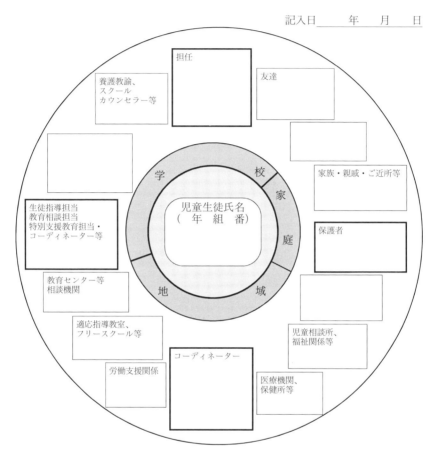

図 3-4　田村・石隈式【援助資源チェックシート　ネットワーク版】
（石隈・田村、2018）

5．学校心理士の倫理

　学校心理士として仕事をする上で、学校心理士は倫理規定を遵守する必要
がある。学校心理士の倫理綱領は、教育者として、そして援助専門家として
の行動の基準になる。「学校心理士倫理綱領」を熟読し、理解し、遵守する
必要がある。

学校心理士の倫理規定は、大きくは基本的人権の尊重と社会的責任の、二つの観点から構成される（松浦、2004）。具体的には基本的人権の尊重として、人権の尊重（第1条）や秘密保持の厳守（第4条）である。また社会的責任として、責任の保持（第2条）、研修の責務（第5条）、研究と公開（第6条）がある。そして、「援助サービスの実施と介入への配慮と制限（第3条）」は、人権の尊重と社会的責任の両方に関わる（松浦、2004）。また学校心理士の倫理綱領に基づく実践においては、子どもの状況について知り得た情報の秘密保持（守秘義務）と子どもへの援助サービスの充実や説明のための報告義務とのバランスという課題がある。学校心理士は倫理綱領に基づいて実践上の判断ができるよう、援助専門家として研鑽を続けなくてはならない。

6．引用文献

半田一郎　2004　学校心理士によるカウンセリングの方法　学会連合資格「学校心理士」認定運営機構（企画・監修）　石隈利紀・玉瀬耕治・緒方明子・永松裕希（編）　講座「学校心理士―理論と実践」2　学校心理士による心理教育的援助サービス　北大路書房　pp. 152-163.

家近早苗・石隈利紀　2003　中学校における援助サービスのコーディネーション委員会に関する研究―A中学校の実践を通して―　教育心理学研究　51，230-238.

飯田順子・石隈利紀　2002　中学生の学校生活スキルに関する研究―学校生活スキル尺度（中学生版）の開発―　教育心理学研究　50，225-236.

石隈利紀　1999　学校心理学―教師・スクールカウンセラー・保護者のチームによる心理教育的援助サービス　誠信書房

石隈利紀　2004　学校心理学とその動向―心理教育的援助サービスの実践と理論の体系をめざして―　心理学評論　47，332-347.

石隈利紀・田村節子　2003　石隈・田村式援助シートによるチーム援助入門―学校心理学・実践編　図書文化社

石隈利紀・田村節子　2018　新版：石隈・田村式援助シートによるチーム援助入門—学校心理学・実践編　図書文化社

河村茂雄　1998　楽しい学校生活を送るためのアンケート「Q—U」実施・解釈ハンドブック（小学校編、中・高等学校編）　図書文化社

國分康孝　2000　続・構成的グループ・エンカウンター　誠信書房

近藤邦夫　1994　子どもと教師の関係づくり—学校の臨床心理学　東京大学出版会

大野精一　1997　学校教育相談—理論化の試み　ほんの森出版

松浦宏　2004　学校心理士と倫理　学会連合資格「学校心理士」認定運営機構（企画・監修）　松浦宏・新井邦二郎・市川伸一・杉原一昭・堅田明義・田島信元（編）　講座「学校心理士—理論と実践」1　学校心理学と学校心理士　pp. 258-262.

瀬戸美奈子・石隈利紀　2002　高校におけるチーム援助に関するコーディネーション行動とその基盤となる能力及び権限の研究—スクールカウンセラー配置校を対象として　教育心理学研究　50，204-214.

田上不二夫　1999　実践スクールカウンセリング　金子書房

田村節子・石隈利紀　2003　教師・保護者・スクールカウンセラーによるコア援助チームの形成と展開—援助者としての保護者に焦点をあてて—　教育心理学研究　51，328-338.

田村節子・石隈利紀　2007　保護者はクライエントから子どもの援助のパートナーへどのように変容するか—母親の手記の質的研究—　教育心理学研究　55，438-450.

田村節子・石隈利紀　2017　子ども参加型チーム援助—インフォームドコンセントを超えて—　図書文化社

上野一彦　2003　LD（学習障害）とADHD（注意欠陥多動性障害）　講談社

山口豊一・石隈利紀　2010　中学校におけるマネジメント委員会に関する研

究—マネジメント委員会機能尺度（中学校版）の作成—　日本学校心理士
会年報　2, 73-83.

7. 参考図書

石隈利紀　1999　学校心理学—教師・スクールカウンセラー・保護者のチー
ムによる心理教育的援助サービス　誠信書房
　　学校心理学の代表的な教科書。学校心理学の基本的な理論と主な実践に
　ついて、体系的に、かつ分かりやすく書かれている。
石隈利紀・田村節子　2018　新版：石隈・田村式援助シートによるチーム援
助入門—学校心理学・実践編　図書文化社
　　援助資源チェックシート、援助チームシートの使い方に焦点をあてなが
　ら、チーム援助の実践について具体的に紹介してある。
田村節子・石隈利紀　2017　子ども参加型チーム援助—インフォームドコン
セントを超えて—　図書文化社
　　当事者である子どもが援助チームに参加するメリットや方法等について
　解説してある。
福沢周亮・石隈利紀・小野瀬雅人（責任編集）日本学校心理学会（編）　2004
学校心理学ハンドブック—「学校の力」の発見　教育出版
　　学校心理学に関する109の用語が、学校心理学の3つの柱（心理学的基
　盤、援助サービスの方法、学校教育学的基盤）に注目して説明してある。
石隈利紀（監修）水野治久（編）　2009　学校における効果的な援助—学校
心理学の最前線　ナカニシヤ出版
　　学校心理学における実践と研究の成果が、三段階の心理教育的援助サー
　ビスの枠組みにまとめられている。

■課題とキーワード（＊）

(1)　学校心理学とは

学校心理学とは何か、その定義、援助サービスの考え方、一次・二次・三次的援助サービスといった3つの柱について、他の関連領域、教育心理学、臨床心理学、カウンセリング心理学との異同を含め、理解している。

＊学校心理学の定義、心理教育的援助サービス、学校心理学の3つの柱

⑵　心理教育的援助サービスのモデル

学校心理学の心理教育的援助サービスの意義と内容を理解しており、具体的な援助内容の事例について検討できる。

＊4種類のヘルパー（専門的ヘルパー、複合的ヘルパー、役割的ヘルパー、ボランティア的ヘルパー）、三段階の心理教育的援助サービス（一次的援助サービス、二次的援助サービス、三次的援助サービス）、援助サービスのシステム（個別の援助チーム、校内支援委員会、運営委員会）、特別支援教育、LD（学習障害）・ADHD（注意欠陥多動性障害）等

⑶　学校心理士の活動

学校心理学の実践活動である、アセスメント、コンサルテーション、コーディネーション、カウンセリングについて、学校心理学の特色を踏まえて理解している。

＊アセスメント、コンサルテーション、コーディネーション、直接的な援助サービス（カウンセリング）

⑷　教師・保護者らとのチーム援助

学校心理士がおこなう教師や保護者への援助方法として、チーム援助の考え方を理解し、コンサルテーションの事例について検討できる。

＊チーム援助、教師へのコンサルテーション、保護者へのコンサルテーション

⑸　学校心理士の倫理

心理教育的援助サービスに関わる学校心理士のもつべき倫理を理解し、具体的事例において倫理に基づく行動について判断できる。

＊人権の尊重、秘密保持の厳守、責任の保持、研修の責務、研究と公開

第4章　教授・学習心理学

1．学校教育の基盤としての教授・学習心理学

　教育とはその社会や文化において価値があると考えられている知識、技能、態度を次代の成員に受け継いでいくための営みであり、学校とはそうした知識、技能、態度を系統的に整理、組織した上で効果的に習得させるのに最適な環境の提供を目指したものだと言える。こうした営みが人において可能なのは人が高度な学習の仕組みを持つからだと考えられる。従って学習の仕組みや原理を理解しておくことは、学校生活において子どもが直面する学習指導上の問題の多くを解決する必要条件となる。教授・学習心理学は、人の学習を支える仕組みや原理を理解することで効果的な学習指導のあり方や学習活動の場として望ましい学級のあり方について考えることを可能にしてくれるからである。こうした意味で、教授・学習心理学からの種々の知見は学校心理士による心理教育的援助サービスの重要な基礎となるものである。

　心理教育的援助サービスにおいて学習面の問題に対する援助は、心理・社会面の問題に対する援助と並び、その中核となるものであり、学校心理士が果たすべき役割の一つである。児童・生徒の学校生活におけるさまざまな問題状況の解決をめざすためにも、「わからない」、「やる気が起こらない」といった学習に関わる問題への援助は欠かすことができない。学習についての様々な心理学的理論や知見に基づき、学校現場でのこのような問題に対する心理教育的援助について考えてみよう。

(1)　学習の三つの見方

　学習とは経験によって何かが変化することを指すが、その契機としてどのような経験を仮定するのか、また経験によって変化するものは何なのかといった点から心理学における学習の見方は、連合論的見方、認知論的見方、活動論的見方の三つに分けることができる。

一つ目の連合論的見方では、学習は学習者の個人的活動を通じて起こる行動の変化として捉えられる。他方、二つ目の認知論的見方では行動論的見方と同様、学習は学習者の個人的活動を通じて起こるとされるものの、変化するのは学習者の認知（知識）だとされる。三つ目の活動論的見方では、学習者の認知が変わるとする点では認知論的見方と変わらないものの、その変化の契機は学習者の個人的活動ではなく共同体文脈での社会的活動だとされる。

　これら三つの見方はそれぞれ人の学習のある側面を捉えていて、何れか一つの見方だけが正しいと言えるものではない。しかし学校教育での学習が将来出会うかもしれない未知の問題解決への転移を期待しているとすれば、有意味学習の考え方に繋がる認知論的見方や活動論的見方はより参考になると言えるかもしれない。次に3つの見方をそれぞれ簡単に紹介しておこう。

⑵　学習の連合論的見方

　連合論的見方の代表的なものはソーンダイク（Thorndike, 1898）の効果の法則に基づくS-R連合論である。これは学習者の刺激に対する反応のうち、快をもたらす反応との連合が強められると主張するものだった。その後この考え方はスキナー（Skinner, 1969）の道具的条件づけにおける強化の考え方に発展した。S-R連合論では、特定の刺激に対する特定の反応への強化が繰り返されることにより、特定の刺激と反応の結びつき（S-R連合）が漸進的に作られていくと考えられている。しかしながら、人の学習では、漸進的というよりむしろ急進的で洞察的である場合がある。このことは、刺激と反応の連合による行動の変化という見方だけでは人の学習を十分には捉えきれないことを示唆している。

⑶　学習の認知論的見方

　認知論的見方の古典的研究として、トールマン（Tolman, E.C.）の迷路学習の一連の研究がある。Tolman & Honzik（1930）は、ネズミが迷路を探索している間に、迷路についての地図（認知地図）を学習すると考えた。つまり、経験によって環境のとらえ方に変化が起き、そのことが行動の変化に

繋がると主張するものだった。このように認知論的見方では、経験が学習者のものの見方、換言すればその背後にある知識のありようを変えると主張する。従ってそこでは知識の種類、貯蔵や利用のされ方といったことを明らかにしていく必要があった。これが可能となったのは1960年代の認知心理学と情報処理的考え方の出現以降だった。情報処理的考え方とは、学習過程を一種の情報処理過程として捉え、情報処理装置としてのコンピューターとの類推で学習の仕組みを解明しようとするものである。特に記憶の仕組みや働きという点から学習過程に光が当てられた。最も初期の記憶モデルは、アトキンソンとシフリン（Atkinson & Shiffrin、1971）の多重貯蔵庫モデルである。後年は、クレイクとロックハート（Craik & Lockhart、1972）の処理水準モデルやバッドレー（Baddeley、1986）の作業記憶モデルなど多くのモデルが提案された。

(4)　学習の活動論的見方

　活動論的見方の代表的なものはヴィゴツキー（Vygotsky, 1962）の発達の最近接領域説である。発達の最近接領域とは、学習者が外部からの援助無しに一人で到達できる段階と、教師や仲間からの援助があれば到達できる段階との間に想定される学習の可能性がある領域のことで、その可能性は教師や仲間との共同的な活動によって引き出されるとされた。ヴィゴツキーはまた、学校で教えられる科学的概念は学習者の生活的概念に結びつけられて始めて身につくと主張し、そのための方法として学習者の共同体への実践的参加やそこでの教師や仲間との協同的で社会的な活動を重視した。学習者の活動が遂行される社会的文脈についてさらに詳しく分析したエンゲストローム（Engestrom、1999）の『拡張による学習』は、活動論的学習理論の発展型である。

(5)　学習理論と心理教育的援助

　つまずきの解消へ向けて、どのように援助すれば、「わかる」ように、「できる」ようになるか。なぜ学習意欲がなくなるのか。学習意欲を高めるため

にはどう援助すればよいか。このような学習面の問題の解決へ向けた心理教育的援助を行う際に、さまざまな学習理論やモデルは、その手立てを考えるための基盤となるものである。

　たとえば、認知モデルからみると、「わからない」のは既有知識の不足や誤り、あるいは、考えるための外的処理資源の活用に問題があることが考えられる。そうすると心理教育的援助においては、まず、既有知識を補ったり修正したりすることや、外的処理資源の活用を促したりする援助が必要となる。「できない」、「わからない」経験をくり返したため、学習意欲が低下した、つまり学習性無力感に陥っているのであれば、「できる」、「わかる」成功経験を積ませること、それを自分の能力に原因帰属させるような援助が求められる。心理教育的援助の実践と結びつけながら、様々な学習理論やモデルをとらえていく必要がある。

2．記憶と理解

　学習したことは、新しい知識として身につけていく、言いかえれば記憶していかなければならない。そしてそれは、必要なときに検索して利用できなければならない。したがって学習面の問題に対する心理教育的援助を考える上では、理解過程をふまえた上で、経験したことがどのように記憶され、貯蔵され、検索されるのか、さらには、記憶、貯蔵、検索はどうすれば促進できるのか、そのメカニズムを知ることが重要である。

⑴　記憶システム

　記憶は、保持時間に着目して、保持時間の短い短期記憶と半永久的に保持される長期記憶の二つに大きく分けてとらえることができる。図4-1に示されているモデルは、短期記憶と長期記憶に感覚記憶を加えた記憶システムを表している。入力された情報は、まず感覚記憶に入り、それから短期記憶となる。短期記憶においてリハーサルが行われ、長期記憶へと推移していく。長期記憶内の情報は、短期記憶へ戻されることで意識化され、想起されるこ

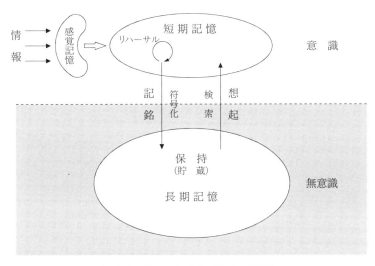

図 4-1　記憶システム（桐木、1995）

とになる。

(2)　短期記憶

　短期記憶は、意識化された情報を保持する一時的な記憶である。その保持
時間は非常に短く、容量は小さい。短期記憶の容量の大きさは、メモリー・
スパン・テストにより測定できる。このテストは、たとえばランダムな数字
の系列（例：７５１３６８）を提示し、それをその通りの順序で口頭で答えて
もらうものである。このテストで覚えることのできる数字の個数は成人で
７±２個である。ただし短期記憶の容量としては、情報の意味のあるまとま
りである「チャンク」を単位として、７±２チャンクとなる。

(3)　作業記憶

　バッドリーとヒッチ（Baddeley & Hitch、1974）は、この短期記憶を単に情
報を保持する機能だけでなく、保持している情報に対して何らかの処理を行
う機能ももつと考えている。そして、保持と作業の機能を総合して作業記憶
と呼んだ。作業記憶は、学習中に考えるためのいわば心の中の作業台である。

情報の処理資源としての作業記憶は、その資源に限りがあるため、学習に際しては適切な処理資源の配分や外的処理資源の活用が必要不可欠となる。

(4) 長期記憶

「覚えている」ということは、長期記憶にあたる。長期記憶では情報はほぼ永久に保持され、容量も無限大であると考えられている。長期記憶は、非活性状態で貯蔵されており、普段は意識されていない。この長期記憶は、「いつ、どこで〜をした」というような個人的な経験の記憶であるエピソード記憶と、「知識」の記憶である意味記憶との2種類に区別してとらえることがある。知識の記憶構造としては、意味ネットワークモデルが、検索のモデルとしては活性化拡散モデルが提唱されている。また、知識は、宣言的知識と手続き的知識とに分類することができる。宣言的知識とは、我々の知っている事実からなり、手続き的知識とは我々がやり方を知っている技能からなる。手続き的知識は、一般的に言語的に記述することが困難である。

(5) 記憶の改善

覚えやすく、かつ忘れにくくするためには、与えられたものをそのまま記憶していくのではなく、既有知識との関係や新しい情報同士の関係を見出す、関連づけるなど意味に基づく加工が必要である。これはまさに理解に基づく認知活動である。このような、与えられたものに情報を付加し、加工していくことは精緻化と呼ばれている。学習場面で、学習者は入力された情報に対してこの精緻化を適切に行わなければならない。また、そのために常に既有知識の情報が利用されている。

(6) 理解の心的過程

学習場面で学習者に入力される情報は、話し言葉であったり、印刷された文章であったりする。あるいは、図形や記号、映像として、さらには実物のデモンストレーションなど、さまざまなメディアをとおして伝えられる。そしてその情報は相互に関連性があり、複雑な構造をしている。そのような情報を理解する過程について、文章を理解する過程で考えてみよう。

文章は単語の集合である。それが情報として入力されると、実にさまざまな認知過程が生じていると考えられる。このとき、文字レベルの処理、単語レベルの処理、文レベルの処理、文章レベルの処理などが行われるが、その際には既有知識も利用されている。文章の中には直接表現されていない内容を読み手の側で補う推論の機能や、系列的に並べられた文を、ダイナミックスに関連づける統合機能などは、文章理解において最も重要な認知活動といってよいだろう。このように理解過程とは、入力された情報から、意味内容を抽出し、入力された情報同士を関連づけ、それらを統合する過程である。また、入力された情報に加えて、既有知識からも必要な情報が補われる過程といえる。

　したがって理解できなければ、そこで入力された情報は既有知識と関連づけられることなく、ばらばらに、白紙のページに書き込まれるような記憶となる。つまり、丸暗記ということになる。これでは、記憶するのに困難をともなううえに、すぐに忘れてもしまう。しかも、繰り返し理解できないということを経験すると、学習性無力感に陥る恐れがある。

3．動機づけ

　「もっとできるようになりたい」、「わかりたい」、「知りたい」というような気持ちは学習にとって極めて重要である。やる気は学習の原点と言うべきものである。やる気に応じた学習指導、特にやる気のない子どもへの指導援助や担任教師、保護者への学習コンサルテーションは、学校心理士が果たすべき重要な役割の一つである。そのため、やる気のメカニズムに関しても深い理解が望まれる。やる気あるいは学習意欲は、心理学では動機づけと呼ばれている。

⑴　動機づけの種類

　ここでは、動機づけの中でも学校生活にかかわり、児童生徒の心理過程を理解するうえで重要なものをあげてみる。

１）知的好奇心

　人間には本来、常に新奇な刺激や情報を求める傾向があり、これを知的好奇心という。これは内発的動機づけにつながるものである。既に知っていることからは予測できなかったり、説明できなかったりするような事実に直面すると、学習者は驚きや疑問を感じ、その原因や理由を知りたくなる。これは特殊的好奇心と呼ばれるタイプの知的好奇心である。授業場面では、常に児童生徒の知的好奇心を喚起しながら動機づけをすることが望まれる。

２）達成動機

　達成動機とは、目標となる物事をよりよく成し遂げたいという動機である。達成動機は、学習活動を方向づけたり、続けさせたりする動機であり、知的好奇心が学習意欲を引き起こすのに対して、学習を続けさせる役割を担うものである。優秀な児童生徒は、テストで90点を取りたいと思う。80点であれば駄目だったと失敗感を持つ。60点を取れればと思っていた児童生徒は70点取れれば、ああ良かったと成功感を持つ。個々の児童生徒に適切な達成動機を持たせる配慮が望まれる。

３）内発的動機づけと外発的動機づけ

　何か他からの報酬を得るための手段として、ある行動をとるよう動機づけられることを外発的動機づけという。アメとムチによる動機づけである。

　これに対して、学習すること自体に興味や関心が向けられ、学習活動そのものが動機づけられることを内発的動機づけという。知的好奇心は内発的動機づけの重要な要素である。学習の初期には、外発的動機づけによりながらも、学習の進展とともに学習者が内発的動機づけを持てるように配慮することが望まれる。学習面でのカウンセリングやコンサルテーションにおいては、学習規律を目標とした外発的動機づけにとどまらず、学習活動自体が目標となる内発的動機づけを高めるための援助サービスの計画が必要となる。

　なお、内発的動機づけを発展させた自己決定理論は、学習者自身が学習内容を選択することができたり、学習活動自体に楽しさや満足を見出すことが

できたりするといった内なる欲求を高める援助を行うことが、より質の高い学習へと誘うことにつながることを説明する理論である。

⑵　学習性無力感

　学習において「できない」、「わからない」という経験をくりかえすと、学習活動に全く取り組もうとしなくなることがある。このような状態は学習性無力感と呼ばれ、失敗経験を積み重ねることにより学習されたものであると考えられている（Seligman、1975）。今、学校で学習に対して拒否的あるいは意欲を持てずに、加えて学習内容の理解が不足している多くの児童生徒は、このような状態に陥っていると思われる。個々の児童生徒の能力に見あった適切な達成動機を持たせて、成功体験を積み重ねることが必要である。この学習性無力感の解消を図るためには、失敗や成功の原因の認知（原因帰属）の問題をあわせて考える必要がある。

⑶　自己効力感と原因帰属

　「自分の力ではどうしようもない」と、学習性無力感に陥ってしまった児童生徒にやる気を取り戻すには、自己効力感「自分の力でできそうだという確信」を持たせる学習指導がきわめて重要である（Bandura & Schunk、1981）。このような自己効力感の育成には、よくわかるように教えるのはもちろんのことであるが、「自分にもできるんだ」という自信を持たせることを念頭に置いた指導が必要である。また、その成功の原因帰属にも注意しなければならない。それには三つの次元がある（Weiner、1979）。テストの点数が悪かった時に、①その原因が自己の内にあるのか、外にあるのかという統制の位置、例えば「自分の努力不足」とか「自分の能力の無さ」に帰属させること、②その原因の状態が変化するのか、しないのかという安定性、例えば、「問題が難しかった」とか「山が外れて運が無かった」に帰属させること、③その原因が自分でコントロールできるか、できないかという統制の可能性、例えば「勉強の仕方がわからない」、「教師の教え方が下手」に帰属させること、の三つの次元である。いずれに原因帰属するかで、その後の学習の仕方、学

習意欲に大きく影響する。

4．学習指導と授業

　教えるという役割を学校が効果的に行えるには、そこで用いられる学習指導の方法や授業の仕方が子どもの持つ学習の仕組みに沿ったものである必要がある。しかし学習についての見方は多様であり、そこから導かれる学習指導の方法や授業の仕方も多様なものとなる。ここでは様々な学習指導の方法や授業の仕方について、理論的背景、形態、個人差といった視点から整理してみることにしよう。

(1)　学習指導と理論的背景

　心理学がこれまでに提案してきた学習指導の方法の主なものは、プログラム学習法、完全習得学習法、発見学習法、有意味受容学習法などである。前者二つは連合論的学習理論をその拠り所とし、学習者の外的環境の操作による学習の最適化という点に焦点が当てられている。他方、後者二つは認知論的学習理論に立脚するもので、操作の対象は学習者の内的な認知過程に焦点化されている。

　プログラム学習法の基本的理念は、「一見複雑に見える学習内容も実は単純な行動の連鎖からなり、学習者がそれらの行動の一つ一つを行うたびに直ちに強化を与えれば、やがて元の複雑な内容の学習も可能になる」というものである。この理念は、①積極的反応、②即時応答、③スモールステップ、④学習者検証、⑤自己ペースといういわゆるプログラム学習の5原理に表明されている。プログラム学習法では特別に開発されたプログラム教材（コース・ウェア）を用いるが、その作り方の違いによって直線型プログラム学習と枝分かれ型プログラム学習の二つのタイプが提案されている。

　完全習得学習法の基本的理念は、「学習者ごとに最適化された教材と教え方の工夫を組み合わせることで学習に必要な時間を短縮すれば仮に一斉授業であってもすべての学習者が同じ内容を完全に習得可能なはずだ」というも

のである。そこで完全習得学習法では、教育目標の詳細かつ具体的な記述が必要となるが、これには教育目標分類学や教育目標細目表の考え方が手掛かりとされる。また学習者ごとに最適な教材や教え方を選択するため目標基準準拠テストに基づく評価や形成的テストに基づく評価が重要視される。

発見学習法の基本的な理念は、「学習者自身の探求と発見の過程を通して学んだ内容は、受容的に学んだ内容に比べてより深い理解と定着をもたらすはずだ」というものである。実際、Miles (1997) は、発見学習法を用いた授業が教師主導型の授業に比べて、子どもの興味や関心の維持や向上にかなり有効だったことを報告している。発見学習は、学習者自身の自発的な活動にまかせる学習方法なので、学習完成までに時間を要したり、最終的に目指す内容が習得されるか否か予測困難だったりという欠点がある。そこで実際の教室場面では、問題の発見や仮説の構成において教師からの言語的なヒントが与えられるなどの工夫が必要となる。これは、「純粋な発見学習」に対して「導かれた発見学習」とよばれる。

発見学習法の持つ学習者にとっての学習の有意味性という良さを残しながら、学習に先立って学習内容についての抽象的、一般的、包括的な知識を学習者に直接提供することを実現しようとしたのが有意味受容学習法である。有意味受容学習法の基本的理念は、「学習者の既存知識と関連づけられるように教え方を工夫することで、受容的学習方法であっても有意味な学習が成立しうる」というものである。有意味受容学習法では、そのための工夫として学習者の既存知識とこれから学ぶ新知識とをつなぐ一種の受け皿となるような先行オーガナイザーが用いられる。

⑵　授業の形態

授業の形態は、課題設定の仕方（画一的 vs. 個別的）、授業の進め方（教師主導 vs. 生徒主導）、学習グループの大きさ（大 vs. 小）、コミュニケーションのあり方（閉鎖的 vs. 開放的）等の次元でいくつかのタイプに分類できる。従来の講義法（一斉学習）は、画一的な課題設定、教師主導的な授業、大きい学

習グループ、閉鎖的なコミュニケーションという特徴を持つ授業形態ということになる。他方、仮説実験授業は、講義法の持つ良さを生かしつつ、討論や実験を通してコミュニケーションのあり方を開放的なものにし、その結果、児童生徒の中に生きた科学的知識と態度とを作り出すことを目指す授業形態である。課題設定の仕方や、学習グループの大きさ、コミュニケーションのあり方は講義法と変わらないものの、学習の進めを児童生徒主導にすると自由進度学習や順序選択学習に基づく授業になる。また課題設定の仕方も児童生徒主導にすれば自由課題設定学習による授業になる。近年の総合的な学習は、学級全体が学習グループでありつつ、課題設定の仕方を個別化し、授業の進め方は児童生徒主導的に、コミュニケーションは開放的なものにした授業と言える。さらに課題設定の仕方や学習の進め方を完全に個別化して児童生徒主導で行なわせ、授業中のコミュニケーションも開放的にするとそれはオープン学習による授業形態である。学習者の自発的・主体的な学習活動の実現には、個別的な課題設定、開放的なコミュニケーション環境、児童生徒主導での授業の進行、小グループでの学習等の条件が重要だと考えられるが、学習者の持つ特性や必要性に応じてその最適な組み合わせは異なるため、学習者の実態に合わせて最適な授業形態を選択する必要がある。

⑶　個人差に応じた学習指導と授業

　学習者の心的特性における種々の個人差は、学習がどのように進むのかを規定する重要な要因である。したがって学習者の持つ潜在的可能性を十分に引き出すためには、学習者個々人の心的特性の違いに応じた教え方や学ばせ方を用意しなければならない。Cronbach（1957）は、心的特性における個人差と教え方・学ばせ方との間に想定される関係を適性処遇交互作用（Aptitude-Treatment Interaction, ATI）とよんだ。適性とは学習者の心的特性の個人差のことであり、処遇とはそうした適性に応じた教え方や学ばせ方のことである。市川（1993）は認知心理学の考え方に基づく個人差に応じた学習指導方法として「認知カウンセリング」の考え方を提唱している。これは認知

面での適性に関する個人差を面接を通じて把握し、そこから学習上のつまずきの原因を探り、さらに学習上の問題解決のための援助を与えようとするものである。学習適性のうち質的な違いとして把握できるもののひとつに認知スタイルがある。辰野ら（1972）は、認知スタイルを①情報受容の仕方、②情報処理の仕方、③認知の好み、④認知の速さの四つに分類できるとした。他方、情意面から見た質的違いとしては興味や関心の違いがある。これらは内発的な動機づけの原動力ともいえるものなので、学習者の自発的・主体的な学習活動の実現を期待する場合、この興味・関心をどのように教え方に反映できるのかが重要な鍵となる。課題選択学習は、個人差を生かした学習指導方法の一つである。これは、教師が用意した複数の課題の中から子どもが選択した課題を個人またはグループで学習するというものである。課題選択学習は、認知スタイルの個人差に応じる授業方法として用いられることもある。

５．学級集団とその組織化

　学校心理士は、学校での子どもの「学び」と「生活」の場である学級についても理解しておく必要がある。教師にとって学級は「教え」の場であり、子どもの「学び」を支援する場でもある。したがって、学校心理士はその学級の機能の理解の上に、学級集団の構成員である子どもや教師が、その機能を最大限に利用できるよう支援することが大切である。

(1) 学習集団を活かした指導

１）学習集団のサイズとその特徴

　学習集団は、20〜40人くらいの大集団から３〜４人の小集団まであるが、それぞれの集団のサイズに合った教授法とそれにより期待される学習効果についても理解しておく必要がある。大集団での学習では、教師から子どもたちへの情報が一方通行になりやすいが、小集団の学習では教師や子ども相互の情報の交流が盛んになる。そこで、学校心理士は、事実に関する知識の習

得や問題解決能力、社会的態度の育成等の目的に応じて、学習集団全体に対する一斉指導や構成員による協同学習、調べ学習、話し合い学習などを効果的に利用できるように、教師と連携を図りつつ支援を工夫することが求められる。

2）学習集団を活かす指導

　2011年度より、小学校から順次実施に移される学習指導要領では、小学校（3年以上）、中学校、高等学校を通して「総合的な学習の時間」が学習活動として位置づけられ、そこでは、子どもたちの主体的な活動を通して「知の総合化」を図っていくような授業を行うことがねらいとされている。そこで、はじめに少人数のグループに分かれて討議し、後でそれらを持ち寄って全体討議するバズ学習や小集団の討議の効果を活かした協同学習の展開が期待される。なお、2020年度より、小学校から順次実施に移される学習指導要領では、従来使用してきた『協同』という用語を『協働』に改めた。協働学習（collaborative learning）では、グループで課題解決に取り組む際に、知識を活用することに止まらず、コミュニケーションや役割分担、リーダーシップ、自分の役割に対する責任感を踏まえたプレゼンテーションといった対人関係に比重を置きつつ、思考力・判断力・表現力等を育成することが目指されている。それらを有効に活用するために支援を行うのも学校心理士に求められる重要な役割である。

⑵　教師と子どもの人間関係

1）学級集団

　学級は授業における学習集団としての機能だけではなく、子どもたちが社会性を習得する機能も合わせ持っている。学級は、子ども同士の交友関係を育み、さらにその関係を拡大させるとともに、集団としてのまとまりができてくると、学級固有の機能を果たすようになる。すなわち、構成員を集団のなかにとどめるように働く諸力の総体をもとにして、集団全体のまとまりの強さを表す集団凝集性が生まれると同時に構成員に対して加えられる斉一性

としての集団圧力も高まる。その結果、全構成員に対して等しく期待される標準的な行動様式としての集団規範と合致した同調行動もみられるようになる。子どもたちはこのようにして学級集団としての連帯感を強めていく。学校心理士はこうした学級集団の成立・発展過程についての研究成果を理解し、またそのアセスメントの手段の一つである集団の人間関係を明らかにするソシオメトリーを適切に活用する能力も求められる。

2）学級における相互作用

　学級集団における教師と子ども、あるいは子ども同士のコミュニケーションは、ことばによってのみ成立するものではない。顔の表情や身振り、手振りといった非言語行動も重要な役割を果たす。たとえば、授業中に無意識のうちにみせる教師の表情や身振り、手振りが、子どもの学習意欲に影響することがある。それは、人間関係における期待の果たす役割の重要性を指摘するピグマリオン効果がその表情や身振り、手振りに現れるからである。そこで学校心理士は、こうした非言語的な手がかりが学級のコミュニケーションにおいてどのような意味を持つのかについても理解し、それを手がかりとして、授業が成立しないなどの学級崩壊のような重大な問題になるのを事前に予防する援助を行うことも求められる。

6．引用文献

Atkinson, R.C. & Shiffrin, R.M. 1971 The control of short-term memory. *Scientific American*, 225, 82-90.

Baddeley, A.D. 1986 *Working memory: Theory and practice.* London, UK: Oxford University Press.

Baddeley, A.D. & Hitch, G. 1974 Working memory. In G.H. Bower (Ed.), *The Psychology of learning and motivation*, Vol. 8. New York: Academic Press.

Bandura, A. & Shunk, D.H. 1981 Cultivaating competence, self-efficacy, and intrinsic interest through proximal self-motivation. *Journal of Personality and Social Psychology*, 41, 586-598.

Craik, F.I.M. & Lockhart, R.S. 1972 Levels of processing: A framework for memory research. *Journal of Verbal Learning and Verbal Behavior*, 11, 671-684.

Cronbach, L.J. 1957 The two disciplines of scientific psychology. *American Psychologist*, 12, 671-684.

エンゲストローム・Y.（Engestrom, Y.）　山住勝広・百合草禎二・庄井良信・松下佳代・保坂裕子・手取義宏・高橋登（共訳）　1999　拡張による学習―活動理論からのアプローチ　新曜社

市川伸一（編）　1993　授業を支える認知カウンセリング―心理学と教育の新たな接点　ブレーン出版

桐木建始　1995　記憶　石田潤・岡直樹・桐木建始・富永大介・道田泰司（著）　ダイアグラム心理学　北大路書房　pp. 21-33.

Miles, S. 1997 Exploration and discovery: Creating an enthusiastic, exciting classroom. *Early Childhood News*, 9, 36-40.

Skinner, B.F. 1969 *Contingencies of reinforcement: A theoretical analysis.* Upper Saddle River, NJ: Prentice Hall.

Seligman, M.E.P. 1975 *Helplessness: On depression, development, and death.* San Fracisco: Freeman.

辰野千寿・福沢周亮・沢田端也・上岡国夫・小林幸子・高木和子・伊瀬康子　1972　認知型に関する教育心理学的研究　教育心理学年報, 12, 63-107.

Thorndike, E.L. 1898 Animal intelligence: An experimental study of the associative processes in animals. *Psychological Review Monographs Supplement*, 2, No. 8.

Tolman, E.C. & Honzik, C.H. 1930 "Insight" in rats. University of California, *Publications in Psychology*, 4, 215-232.

ヴィゴツキー・L.S.（Vygotsky, L.S.）　柴田義松（訳）　1962　思考と言語
（上・下）　明治図書

Weiner, B. 1979 A theory of motivation for some classroom experiencies.
Journal of Educational Psychology, 71, 3-25.

7．参考図書

秋田喜代美　2010　教師の言葉とコミュニケーション：教室の言葉から授業
の質を高めるために　教育開発研究所
　　子ども同士の対話、教師と子どもとのかかわり、教師と教師との対話に
　　ついての具体的な姿を取り上げて、授業さらには学校の質を高めていく上
　　での実践的な手がかりを与えてくれる。

実森正子・中島定彦　2000　学習の心理─行動のメカニズムを探る─（コン
パクト新心理学ライブラリ2）　サイエンス社
　　行動論的学習理論について丁寧に分かりやすくかつ要領よく書かれてい
　　る。

市川伸一　1995　学習と教育の心理学（現代心理学入門3）　岩波書店
　　教授・学習心理学全般に関する最近のさまざまな知見が簡潔かつ分かり
　　やすく紹介されている。

北尾倫彦　1991　学習指導の心理学：教え方の理論と技術　有斐閣
　　認知心理学の新しい研究成果を核にして学び方や教え方の問題に具体的
　　かつ理論的に接近するための手がかりを与えてくれる。

日本教育心理学会　2003　教育心理学ハンドブック　有斐閣
　　教育心理学の現代的な研究動向や学校心理士としての課題について簡潔
　　にまとめられている。

スティペック，D.J.　馬場道夫（監訳）　1990　やる気のない子どもをどう
すればよいか？　二瓶社
　　学習への動機づけに関するさまざまな考え方を分かりやすく簡潔に紹介

しておりこの分野を包括的に把握するのに適している。

多鹿秀継（編）　1999　認知心理学からみた授業過程の理解　北大路書房
　　授業に関する認知心理学的研究からのさまざまな知見が紹介されている。
　国語、理科、算数領域での学習指導法にも触れている。

辰野千寿　1997　学習方略の心理学―賢い学習者の育て方―　図書文化社
　　学習を促進するための効果的な学習方法や勉強方法を用いるための計画
　や工夫、方法に関する種々の心理学的研究成果について分かりやすく学ぶ
　ことができる。

■課題とキーワード（＊）

(1)　学校教育の基盤としての教授・学習心理学

　学習について様々な心理学的理論や知見に基づき、学校現場での課題に対
する心理教育的援助について何が可能なのかを検討できる。

＊学習、記憶、知識、学習の認知理論

(2)　記憶と理解

　人の記憶や認知の仕組みや働きの特徴を踏まえ、個別教科の枠を超えた一
般的な教授学習指導上の留意点を指摘したり、効果的な学習指導のあり方の
提案や、学習面の問題に対する援助計画の立案、評価ができる。

**＊情報処理モデル、認知モデル、ワーキングメモリー、知識獲得、理解の過
程、問題解決**

(3)　動機づけ

　種々の代表的な動機づけ理論を踏まえ、学習が振るわない子どもの学習を
動機づけるための方策の立案、評価ができる。

＊動機づけ（の種類）、自己効力感、学習性無力感、原因帰属

(4)　学習指導と授業

　多様な学習指導に対する知識を持ち、効果的な授業を提案したり、学習面
での問題が生じないような一次的援助サービスの立案、評価ができる。

＊学習面の把握、個人差に応じた指導、認知カウンセリング、学習の方法、自己診断力

(5)　学級集団とその組織化

　教科指導等の場面において、学習者の集団として学級集団を効果的に組織化するための方策や学級集団の問題に対する援助について立案、評価ができる。

＊学級内の相互作用（教師と子ども、子ども同士のコミュニケーション）、学級集団の成立・発展過程、小集団、学級経営、集団つくり、協同学習

第 5 章　発達心理学

1. 学校教育の基盤としての発達心理学

　人は受精から老人、死に至るまで時間軸に沿って、一方向的で連続的な変化をしている。この変化の過程には、身長や体重のような身体的側面の変化と、男性らしさ、女性らしさなどに関連する神経系側面の変化がある。前者は成長、後者は成熟と呼ばれる。発達は、かつては子どもから大人になる上昇的な変化であると捉えられていた。この考え方によると、成人で発達が完了することになる。しかし、このようなことはなく、私たちが体験しているように、子どもの時期は大人の準備期間ではなく、成人後も変化し続けている。本書では発達を、個体が持つ種々の機能を用いて環境との相互作用を行い、自らをより適応的状態に変化させる過程であると考える。従って、発達は一生涯を通じて進むものと考えられる。

　学校教育の中にある子どもを理解しようとする時には、このような適応的な発達の視点が重要となる。つまり、個々の子どもが有している種々の機能を把握し、それをどのように使って外界と相互作用しているのかを知ることによって、子どもの学校適応を個別的に支えてゆくことができるのである。発達心理学がこれまで進めてきた、発達過程の解明と発達機構の解明は、このような学校教育における子ども理解の基礎となるものである。

1）発達研究の方法

　心理学の一般的な研究方法としては、実験法、観察法、検査法、調査法、事例研究法などがある。発達研究においてもこれらの方法が適宜用いられるが、対象としている現象が時間を要因としていることから固有の方法論を展開している。たとえば、同一の個人、または集団から継時的にデータを集め、実際の変化を明らかにしようとする縦断的研究（longitudinal study）と、ある時点での年齢群のデータの比較から発達的変化を明らかにしようとする横

断的研究（cross sectional study）がある。前者は発達における因果関係を直接的に捉えられる反面、時間がかかり、継続的に調査に参加する調査協力者を集めにくい。後者は短期間に多くのデータを集めることができるため結果の一般化が可能であるが、コホート差による影響であるかどうかに関する判断が難しい。

2）発達を作り出すもの

　私たちの発達的変化は、あらかじめ決められた生得的なプログラムによって作り出されるとする遺伝と、環境からの働きかけによる経験が発達的変化を作り出すとする環境についての考えが対立的に存在していた。ゲゼル（Gesell, A）は一卵性双生児を対象とした訓練から、内的な成熟により発達が促進されるという成熟説を提唱し、学習の準備状態（レディネス）の重要性を述べた。一方、ワトソン（Watson, J.B）、スキナー（Skinner, B.F）、そしてロック（Locke, J）は環境優位説の立場から刺激やその環境により発達は促進されると主張した。しかし今日では、遺伝的要因と環境的要因の相互作用によって発達が進むと考えられている。ジェンセン（Jensen, A.R）の環境閾値説、シュテルン（Stern, W）の輻輳説などである。さらにプロミン（Plomin, R）らによる行動遺伝学において、環境と遺伝のそれぞれの影響はどのような場合に強まるのか、または弱まるのか、特定の表現型に関連する遺伝子の所在について説明されつつある。

2．発達段階

　発達的変化は最初に述べたように、時間軸にそって連続的に変化する。私たちのどのような機能も、一時も休むことなく変化し続けていると言える。しかし、機能の発達という側面から捉えると、ある年齢段階をひとまとまりにした方が理解しやすい。このようなまとまりは、小中高大のような学校制度に代表されるように、人為的に作られている。心理学で用いられている胎生期、乳児期、幼児期、児童期、青年期などの区分は、この時期に特徴的な

機能のまとまりがあることを示している。

　これら一連の発達段階にはまた、各段階において達成されるべき課題があり、それらが達成されることによって次の段階に円滑に移行していくことができる。これを発達課題という。では、各発達段階とそれぞれの特徴について整理する。

1）胎生期

　胎生期は、卵体期（受精から2週目）、母親の罹患などに注意しなければならない胎芽期（受精後3週目から8週目）、胎動や視覚、聴覚などの感覚器官がほぼ完成する胎児期（胎芽期の終わりから出生までの9〜40週目）に分類される。誕生直後から、すでに感覚器官が機能していることからポルトマン（Portman, A）は、「二次的就巣性」と呼び、十分に発育するよりも約1年早く誕生する状態を「生理的早産」と名付けた。新生児が母親と他者の声を弁別している（DeCasper and Fifer, 1980）などからも、外界との相互作用をするための基本的な機能は誕生時に準備されていると言える。一方、胎児期から生後早期の栄養状態がエピジェネティックな変化により、青年期以降の疾病に関するリスク要因になることが分かっている（DOHaD仮説）。在胎週数37週未満の早産児や出生体重2500グラム未満の低出生体重児の神経学的後遺症や発達上の問題についても予防・対応の視点から取り組まなければならない課題である。

2）乳児期

　誕生から歩行、言葉を話すことができるようになるまでの乳児期では、出生後の一定期間に原始反射（モロー反射、バビンスキー反射、把握（ダーウィン）反射、四方位反射、吸綴反射、共鳴動作）が見られる。これらの原始反射は正常な発育の指標として、粗大運動、微細運動とともに発達診断において重視されている。知覚機能を使い外界の情報を収集することについては、ファンツ（Fantz, R.L）による乳児を対象とした選好注視法により、人の顔を他のものと弁別できることが報告されている。つまり、乳児は外界を漠然と知覚して

いるのではなく、好みの図形や人の顔を選択的に反応できるということになる。さらにギブソン（Gibson, E.J）は生後6ヶ月の乳児は奥行きを知覚していると述べたが、その後、生後2ヶ月目には奥行きを知覚していることが認められている。

　社会性の面では、3ヶ月頃には不特定の人に対して微笑を示すが、これは3ヶ月微笑とよばれている。そして、8ヶ月頃には、愛着をもつ人以外には人見知りを示すようになる。これは8ヶ月不安とよばれている。この人見知りの始まる時期から主たる養育者から離れることに分離不安を示すようになり、分離不安を緩和させるために、養育者以外のものに移行対象することが、ウィニコット（Winnicott, D.W）により指摘されている。幼児期は、このような外界との相互作用より、基本的な対人関係に基づいた社会性の発達が進むことになる。

3）幼児期

　幼児期では、特に精神発達が著しい。乳児期に準備された外界との相互作用のチャンネルが精緻化されるとともに、直立歩行や手による操作など能動的な環境の確認作業がすすむ。この時期の自己に関する認知の特徴として、鏡映自己認知と自己中心性がある。また、動くものには生命や意思があるかのように擬人化して考える「アニミズム」などが認められる。さらにこの時期の子どもの言語には、まず外言のみが見られ、次第に内言と外言が分化されていく状態がある。遊び場面では、平行遊びの状態から3歳頃を境に互いに影響を及ぼしあう連合遊び、そして遊ぶ子どもたちの中で共通の目標があり、それぞれの役割が分化している協同遊びへと変容していく。人としての情緒や言語、社会性が形成されつつあると言えよう。

4）児童期

　幼児期が家庭での親との関係を中心としたものであったのに対し、児童期は学校における社会的ルールに基づく仲間との関係に見られる「横の関係：ならぶ関係」が形成される時期である。学校での学習、仲間関係の展開が作

り出す、規則の学習と生成など、社会性が拡張されることになる。このことがまた学校適応などの問題とも関係してくる。

　児童期の認知的特徴を見てみると、児童期前期（小学校 1 ～ 2 年）が自己中心性からの脱却：幼児期に見られた自己中心性が減少し、主観と客観が分離する。因果関係の理解や偶然と必然が理解されるようになる。

　このことによって集団生活への参加が促進されることになる。児童期中期（3 ～ 4 年）になると、社会性の急速な発達がみられ、親や教師よりも友達を重要視し、集団の凝集性が高まるようになる。この時期はギャングエイジ（徒党時代）とよばれたりする。児童期後期（5 ～ 6 年）になると記憶力や論理的推理など高次の認知発達がみられる。記憶は学習や思考活動の前提であると考えられ、この時期の言語発達と相まって、急速な認知発達が見られる。

　これら認知機能の発達に伴い、命令、支配、服従、依存であった幼児期の関係性が、仲間との相互依存的、等質的、水平的な関係に移行してゆくことになる。さらに、学校という社会的な集団での活動が社会性の発達に大きな影響を与えることになるのである。同時に他者との比較より、優越感と劣等感が生じやすい。アドラー（Adler, A）は、阻害から来る劣等感を補おうとする努力が人を前向きにさせる原動力であると説いている。劣等感の克服は児童期のみならず、生涯を通じた成長につながるだろう。

5）青年期

　青年期は、前期、中期、後期と分けられ、性的成熟を伴う急激な身体的変化と、内省的傾向、自我意識の高まりという心理的な特徴がみられる時期とされる。児童期にほぼ完成する認知的な機能によって、社会性がさらに発達し、自己と他者との関係性などに起因する不安、いらだち、第二次反抗（期）など精神の動揺が現れてくる。ホール（Hall, E.T）は青年期を「疾風怒涛」、ホリングワース（Hollingworth, L.S）は「心理的離乳」、ブロス（Blos, P）は「第二の固体化」と称している。エリクソン（Erikson, E.H）の心理社会的発達理論によると、アイデンティティの確立が発達課題とされている。

表 5-1　マーシアのアイデンティティ・ステイタスの4類型

アイデンティティ・ステイタス	危機	積極的関与	概　要
アイデンティティ達成 (identity achiever)	経験した	している	幼児期からのあり方について確信がなくなり、いくつかの可能性について本気で考えたすえ、自分自身の解決に達して、それに基づいて行動している。
モラトリアム (moratorium)	その最中	しようとしている	いくつかの選択肢について迷っているところで、その不確かさを克服しようと一生懸命努力している。
予定アイデンティティ (foreclosure)	経験していない	している	自分の目標と親の目標の間に不協和がない。どんな体験も、幼児期以来の信念を補強するだけになっている。硬さ（融通のきかなさ）が特徴的。
アイデンティティ拡散 (identity diffusion)	経験していない	していない	危機前（pre-crisis）：今まで本当に何者かであった経験がないので、何者かである自分を想像することが不可能。
	経験した	していない	危機後（post-crisis）：すべてのことが可能だし可能なままにしておかなければならない。

（岡本祐子、1997より抜粋）

表 5-2　古典的モラトリアムと現代的モラトリアム

古典的モラトリアム	現代的モラトリアム
① 半人前意識と自立の渇望 ② 真剣かつ深刻な自己探求 ③ 局外者意識と歴史的・時間的展望 ④ 禁欲主義とフラストレーション	① 半人前意識から全能感へ ② 禁欲から解放へ ③ 修業感覚から遊び感覚へ ④ 同一化（継承者）から隔たり（局外者）へ ⑤ 自己直視から自我分裂へ ⑥ 自立への渇望から無意欲・しらけへ

（小此木啓吾、1978本文より作成）

しかしながらマーシア（Marcia, J.E）のアイデンティティを確立する際における危機と傾倒の2つの基準から分類された4類型（表5-1）、エリクソンの古典的モラトリアムと小此木啓吾（1978）の現代的モラトリアム（表5-2）よ

		1	2	3	4	5	6	7	8
VIII	老年期								統　合 対 絶望・嫌悪 英　知
VII	成人期							生殖性 対 停　滞 世　話	
VI	成人初期						親　密 対 孤　立 愛		
V	青年期					同一性 対 同一性拡散 忠　誠			
IV	学童期				勤勉性 対 劣等感 適　格				
III	幼児期			自主性 対 罪悪感 目　的					
II	幼児初期		自律性 対 恥・疑惑 意　志						
I	乳児期	基本的信頼 対 基本的不信 希　望							

図 5-1　エリクソンによる発達段階と心理・社会的危機

り、青年期は現実との狭間で奮闘しながらこれからの人生の方向性を見い出していく時期と考えられるため、青年が「迷う」ことは避けられないことだろう。だが、バンデュラ（Bandura, A）は青年期平穏説について述べている。平穏に過ごす青年と過ごせない青年との分岐点はどの要因にあるのだろうか。後述の親の養育において考える。

3．社会性と発達

1）愛着

　愛着とは乳幼児が特定の人との間に結ぶ情緒的な絆である。ボウルビィ（Bowlby, J）は愛着の発達を4つの段階に分け、それぞれの愛着行動を説明している。エインズワース（Ainsworth, M.D）は愛着の質を調べるための実験方法であるストレンジシチュエーション法を開発し、回避型、安定型、アンビバレント型について述べている（後に無秩序・無方向型が提唱される）。養育者と健全な愛着形成ができている子どもにとって養育者は安全基地であり、安心して一人でも探索活動ができる（ハーロウ（Harlow, H.F）の代理母実験により実証された）。しかしながら、養育者の不適切なかかわり（マルトリートメント）により、愛着形成の阻害が認められる子どもには基本的生活習慣の未熟さ、他者・自己・世界は、信じられないもの、頼れないものであり、警戒心と敵対心を持たなければならないという感覚が見られる。級友や教師に対しても、警戒心と敵対心を持ち、相手と距離をとったり、指示に従わなかったり、挑発や攻撃をする傾向がある。このような愛着の問題は、DSM-5では、反応性愛着障害、及び脱抑制型対人交流障害としてまとめられている。この診断は重度のマルトリートメントの環境で育った子どもに適用される。前者は養育者と目を合わせず抱きつく、近づく、逃げ出す、逆らうなど不安的な行動を示す。ポジティブ感情の表出はあまりないが、強い怒りや悲しみなどのネガティブ感情の表出は激しい。後者は、初対面の大人にも警戒心なく近づき過剰になれなれしい言葉や態度で接する。人生初期に形成された愛着は、非常に影響力の大きなものであるが、全く変化しないとは言い切れない。個々のケースにおいて、その愛着の状態を適切に見立て、支援を実施することが重要である。

2）道徳性

　幼児期から小学校低学年の子どもは、認知的発達や経験が十分でないことから、相手の立場や集団全体の観点から善悪を考えることには制限がある。

表 5-3　コールバーグの道徳性の発達段階

水準	ステージ	段階
慣習以前の水準	第1	罰と服従への志向
	第2	道具的功利的相対的志向
慣習的水準	第3	対人的一致、よい子への志向
	第4	社会的秩序への志向
慣習以降の水準	第5	社会契約的遵法的志向
	第6	普遍的倫理原則への志向

　その代わり、親や教師などの大人に対する尊敬や従順さがあることから、大人などの権威者が示す価値観やルールを順守するという他律的道徳を発達させる。10歳頃になると、認知的発達や仲間集団での経験に伴い、他者の立場、集団全体の利益、行為の動機と結果の差異などを柔軟に考えられるようになっていく。その結果、権威者の決定と善悪とが必ずしも一致しないこと、ルールは関わる者の合意があれば変更してもよいこと、善悪は状況によって結果の重大さではなく行為者の動機によって判断することなどに気付いていく。権威者や既存のルールに機械的に従うのではなく、自分たちで善悪を考えていくという自律的道徳を徐々に発達させていく。表5-3にコールバーグの道徳性の発達段階を示している。第1、第2ステージは、罰を避けることや損得の観点から道徳性が判断されることから、前慣習的水準と言われる。第2、第3ステージは、正しい役割を果たすこと、他者からの期待に応えることから道徳性が判断されることから、慣習的水準と言われる。第5、第6ステージは、役割や期待、現存するルールに縛られることなく、人間や社会にとっての本質的な権利、義務、幸福、正義などに焦点を当て道徳性が判断されることから、慣習以降の水準と言われる。

3）仲間関係

　児童期になると、大人の目から離れ、子どもは自分たちだけで集団を形成

し、遊ぶようになる。小学校中学年から高学年にかけては、ギャング・グループと言われる集団を形成する。同じ遊び、同じ行動をすることによって結ばれている集団であり、例えば「昼休みにドッジボールをしている人みんなが友だち」という感覚を共有している。徒党を組んで遊び、ときにちょっとした悪さをすることもあることから、ギャング・グループと言われ、このぐらいの年代をギャング・エイジと呼ぶ。ギャング・グループの経験の中で、協調、妥協、仲裁、ルール決めなど、その後の社会生活で必要な基本的なスキルを学ぶと考えられている。中学生ぐらいになると、チャム・グループと言われる集団を形成する。チャム・グループは、ことばや価値観の共通性により結ばれている集団である。流行の言葉を使ったり、好きな有名人、好きなファッションなどが同じであることによって強い絆を形成している。自我同一性確立の葛藤が始まる時期であり、まだ自信の持てない互いの価値観を認め合い、補い合う機能が働いていることから、過度に同一性を求め、異質性を排除する傾向もある。高校生ぐらいになると、ピア・グループと言われる集団を形成する。ピア・グループは、互いの違いを認め合い、違いを楽しみながらお互いを高め合うことのできる成熟した集団である。同性だけではなく、異性や年齢の異なる成員がグループに含まれていることもある。成員がそれぞれ違う個性を持っているからこそ楽しくて、意味があるということを感じられる集団である。

４）親の養育

　バウムリンド（Baumrind, D）は、親と子どものコミュニケーションにおける応答性と子どもの行動をしつける要求性の２つの機能から、親の養育スタイルを権威的（Authoritative）養育スタイル、権威主義／独裁的（Authoritarian）養育スタイル、許容的（Permissive）養育スタイルの３タイプに分類している。親の養育態度とアイデンティティ形成との関連についていえば、権威的養育スタイルで育った青年において、自尊感情や自ら自己成長を成し遂げようとする認知・行動をしめす自己成長主導性（Robitschek, C）が肯定的

なことが見いだされている（Hirata & Kamakura、2017）。また、大学生を対象とした研究において、「私は自分が何になりたいのかをはっきりと考えている」というアイデンティティの統合ができている者は、親の養育スタイルが権威的であったと回想することや、養育時に両親が連携出来ていたと回想することが多いことが確認されている（平田、2018）。権威的養育スタイルの親は、民主的な判断を伴う親であり、子どもとのコミュニケーションを重視する行動をとると同時に子どもへの成熟の要求やしつけに関する適切な基準を明確に子どもに示している。スタインベルグ（Steinberg, L）は、家族は青年期の最も重要な要因であると指摘し、ヤブロンスカ（Yablonska, T）も青年のアイデンティティが確立される条件として適度な強さを持つ家族の凝集性と民主的な親の養育をあげている。以上のことにより、子どもを育てるシステムとして家族を捉えると、ほめて育てるだけという許容的な養育スタイルではなく、適切なしつけの基準を持つ権威的な養育スタイルが子どもの健全な成長には必要不可欠であり、それは親にとっても自身が親としての役割を遂行する際の連携を高める効果もあるため有効であると言える。

4．発達の理論

　これまでに記された以外の発達に関わる代表的な段階説、理論を整理する。
1）ピアジェ（Piaget, J）の認知的発達段階説

　ピアジェは、外界を認識するシェマの変化により、子どもの認知機能が発達していくとし、以下の4段階を提唱している。感覚運動期（0〜2歳）は、感覚と運動の協応により下界に適応しようとする時期であり、「対象物の永続性」を獲得する。前操作期（2〜7、8歳）は、言語の発達により象徴や言葉で志向を表現できるようになり、「ごっこ遊び」などがみられる。だが、他者の視点や立場に立つことができない（「中心化（自己中心性）」）。ピアジェは、他者の視点を理解する能力の発達を「三つの山課題」という実験で「中心化（自己中心性）」を実証している。具体的操作期（7、8〜11、12歳）では、

具体的な事物に対しての論理的思考（具体的操作）が可能になる、すなわち「脱中心化」が進む。また、形状の変化があろうとも重量や体積は変化しないという「保存の概念」や思考の操作を逆にして出発点に戻る「可逆性」、一つの事象を様々な視点から捉えようとする状態がみられる。形式的操作期（12歳〜）は、これまでの経験や現実の事象に左右されず、命題に対する仮説を設定し、演繹的に推論することで、その真偽を検証する仮説演繹的思考などが可能となる。子どもの思考の完成期とされている。

２）ヴィゴツキー（Vygotsky, L.S）の認知発達理論

　ヴィゴツキーは、思考や記憶という高次精神機能は、文化（言語）を媒介して発達すると考え、社会的水準と心理的水準の２つの水準で現れるという二元論を展開している。また、ある時点の子どもには、課題を一人で解決できる限界「今日の発達水準」があるが、その限界の上には、他者からのサポート、すなわち足場（スキャフォールディング）により問題解決ができる「明日の発達水準」があると考え、この２つの水準間に存在する領域を「発達の最近接領域」と名づけた。この発達の最近接領域は、年齢や能力などに固定されたものではなく、日々の発達に伴い、子どもは常に変化していくとも述べられている。

　前述のピアジェは４段階の認知的発達段階説を提示し、年齢に応じて新しい構造が形成され発展していくと考えているが、ヴィゴツキーは個人と社会の関わり、その社会からの要因が個人の学習にどのような影響を及ぼすのかについて注目している。ピアジェは構成主義、ヴィゴツキーは社会構成主義と言われる所以である。

３）フロイト（Freud, S）の心理―性的発達段階説

　フロイトは、精神分析療法における患者の回想内容より、幼児性欲説を提唱し、身体諸器官と心の発達、神経症の発現に結び付けた心理-性的発達段階を５段階で説明している。

　口唇期（誕生〜１歳）は、母親への接触（甘えと受容）が見られ、未成熟な

依存的、攻撃的な性格と関連する。肛門期（1～3歳）は、トイレットトレーニングの時期（親からのしつけの内在化）であり、几帳面で頑固な性格と関連する。男根期（4～6歳）は、エディプスコンプレックスが生じ、自己中心的、自己顕示的な性格と関連する。潜伏期（7～12歳）は、社会規範に関する学習や知的活動が活発になり、性衝動が抑圧される時期である。性器期（思春期～）は、これまでの段階における部分的欲動が統合され、性器性欲の優位性が確立され心身に成熟し、精神分析における理想的な人格が完成される時期である。

4）ユング（Jung, C.G）の発達理論

　ユングは、人の一生を太陽の一日の運行にあてはめ、日の出から日没までを4つの時期（少年期、成人前期、中年期、老人期）に分類し、40歳ごろを「人生の正午」と称した。各時期の間には「転換期」という名の危機が設定され、ある時期から次の時期へ進むには、それまでの考えや行動を大きく変える必要がある。だが、簡単に人は変われないので、その危機の乗り越え方がその後の人生における発達に影響すると考えられている。さらに、人生の中で問題が最も多いのは、人生の午前から午後へと移行する「中年期の転換期」と説明されている。アイデンティティの再体制化の時期とも言われ、多重役割理論の視点からも、家庭の運営者として、子どもの親として、就労における責任を担う者として、年老いてきた親を守る者として、自身のキャリアや老いなどと交差して、様々な変化が生じる時期である。また、ユングは人生の午後を「個性化」と呼び、人生の午前において無意識に抑圧してきたことややり残してしまった自己を見つめ、それを自己の中に取り入れる過程を説明している。

5）ブロンフェンブレンナー（Bronfenbrenner, U）の生態学的システム理論

　ブロンフェンブレンナーは、個人は環境というシステムの中で生活することで発達すると考え、環境を4システムから説明している。マイクロシステムは、核となるシステムで、自分自信や親、兄弟、家庭・学校・職場のなど

個人が直接的に接する場所を示す。メゾシステムは、2つ以上のマイクロシステムが交わるシステムで、例えばPTAや地域社会が挙げられる。エクソシステムは、直接は関わらないが影響を受けやすいシステムで、親の職場、行政などである。マクロシステムは、個人を大きく包括するもので、国や文化、社会などを指す。生態学的システム理論では、人はシステムの中で生きている限り、そのシステムからの影響は避けられないと考えられている。

　本章では、発達の規定因、発達段階、発達と社会性、発達の理論について記してきた。改めて、人は誕生前から、その人生を終えるまで、常に人と人との相互作用の中で「発達」していることに気づく。この人と人との相互作用の中で、学校心理士とは、どのような役割を担い、その職責を果たすことができるのだろうか。これは、今後とも大きな課題である。

5．引用文献

American Psychiatric Association 2013 Diagnostic and Statistical Manual of mental Disorders. Fifth Edition: DSM-5. APA.（高橋三郎・大野裕（監訳）　2014　DSM-5　精神疾患の診断・統計マニュアル　医学書院）

Baumrind, D. 1991 Parenting styles and adolescent development. In J. Brooks-Gunn, R. Lerner, & A.C. Petersen (Eds.), The encyclopedia of adolescence (pp. 746-758). New York: Garland.

Baumrind, D. 1971 Current patterns of parental authority. Developmental Psychology Monographs, 4(1), Part 2.

Berzonsky, M.D. 2004 Identity Style, Parental Authority, and Identity Commitment. Journal of Youth and Adolescence, 33, 213-220.

Bronfenbrenner, U. 1979 The ecology of human development: Experiments by Nature and Design. Harvard University Press.（磯貝芳郎・福富護（訳）　1996　人間発達の生態学―発達心理学への挑戦　川島書店）

DeCasper, A.J., & Fifer, W.P. 1980 Of human bonding: newborns prefer their mothers' voices. Science, 208, 1174-1176.

Erikson, E.H. 1959 Identity and the life cycle. International Universities Press.（西平直・中島由紀恵（訳）　2011　アイデンティティとライフサイクル　誠信書房）

エリクソン, E.H. エリクソン, J.M.　村瀬孝雄・近藤邦夫（訳）　1989　ライフサイクル、その完成　みすず書房　pp. 73.

Fantz, R.L. 1961 The origin of form perception. Scientific American, 204 (5), 66-72.（伊藤元雄・松浦国弘（訳）　1978　形の知覚の起源　愛知学院大学論叢　一般教育研究, 25(3), 509-527.）

Fantz, R.L. 1958 Pattern vision in young infants. The Psychological Record, 8, 43-47.

Gibson, E.J., & Walk, R.D. 1960 The "visual cliff". Scientific American, 202(4), 64-71.

Gibson, E.J. 2002 Perceiving affordances: A portrait of two psychologists. Mahwah, New Jersey: Lawrence Erlbaum Associates.（佐々木正人・高橋綾（訳）　2006　アフォーダンスの発見―ジェームズ・ギブソンとともに　岩波書店）

Hirata, H., & Kamakura, T. 2017 The effects of parenting styles on each personal growth initiative and self-esteem among Japanese university students. International Journal of Adolescence and Youth, 23(3), 325-333.

平田裕美　2018　父親・母親の養育スタイルに関する大学生の回想とアイデンティティ形成　心理学研究, 89(3), 221-228.

井原成男　2009　ウィニコットと移行対象の発達心理学　福村出版

Jung, C.G. 1946 Die lebenswende in seelenprobleme der gegenwart.（鎌田輝男（訳）　1979　総特集ユング―人生の転換期　現代思想臨時創刊　青土社　pp. 42-55.）

数井みゆき　2007　子どもの虐待とアタッチメント　数井みゆき・遠藤利彦
　（編著）　アタッチメントと臨床領域　ミネルヴァ書房　pp. 79-101.

子安増生・郷式徹　2016　心の理論　第2世代の研究へ　新曜社

Marcia, J.E. 1966 Development and validation of ego-identity status.
　Journal of Personality and Social Psychology, 3, 551-558.

岡本祐子　1997　中年からのアイデンティティ発達の心理学　成人期・老年
　期の心の発達と共に生きることの意味　ナカニシヤ出版

小此木啓吾　1978　モラトリアム人間の時代　中央公論社　pp. 8-32.

Plomin, R., DeFries, J.C., McClearn, G.E., & McGuffin, P. 2008 Behavioral
　Genetics, 5th Edition. New York: Worth Publishers.

Rholes, W.S., & Simpson, J.A. (Eds.). 2004 Adult attachment: Theory,
　research, and clinical implications. Guilford Press.（遠藤利彦・谷口弘
　一・金政祐司・串崎真志（監訳）　2008　成人のアタッチメント―理論・
　研究・臨床　北大路書房）

Robitschek, C., Ashton, M.W., Spering, C.C., Geiger, N., Byers, D.,
　Schotts, G.C., & Thoen, M.A. 2012 Development and psychometric
　evaluation of the Personal Growth Initiative Scale-II. Journal of
　Counseling Psychology, 59, 274-287.

Steinberg, L. 2001 We know some things: Parent-adolescent relationships
　in retrospect and prospect. Journal of Research on Adolescence, 11, 1-
　19.

鈴木乙史　2006　10章　人格の安定―成人期・老人期　2人生の危機の訪れ
　ライフサイクルとは　鈴木乙史・佐々木正宏　人格心理学―パーソナリ
　ティと心の構造　河出書房新社　pp. 152-157.

友田明美　2017　マルトリートメントに起因する愛着障害の脳科学的知見
　精神神経学雑誌, 119, 621-627.

氏家達夫・遠藤利彦（編集）　2012　社会・文化に生きる人間（発達科学ハ

ンドブック）　日本発達心理学会　新曜社

氏家達夫（監修）　島義弘・西野泰代（編集）　2018　個と関係性の発達心理学—社会的存在としての人間の発達　北大路書房

Yablonska, T. 2013 Family factors of person's identity development during adolescence and early adulthood. Social Welfare Interdisciplinary Approach, 3, 31-42.

吉田博子　1994　第一章　乳幼児期の発達心理　伊藤隆二・橋口英俊・春日喬（編者）　乳幼児期の臨床心理学（人間の発達と臨床心理学2）　駿河台出版社　pp. 3-49.

6．参考図書

子安増生　2011　発達心理学特論（放送大学大学院教材）　放送大学教育振興会

　　発達心理学に関する主要な理論や方法論が解説されている。学校心理学に求められる発達心理学について効果的に学ぶことができる。

平田裕美・伊藤美奈子（編著）　2015　心理学入門—こころの仕組みを理解する　建帛社

　　発達心理学を含む関連領域について、コラムなど具体例を通しながら、本書に述べられている事柄や関連する事象を基礎的な段階から、より有益に学ぶことができる。

氏家達夫（監修）島義弘・西野泰代（編集）　2018　個と関係性の発達心理学—社会的存在としての人間の発達　北大路書房

　　乳幼児期から成人期（高齢期含む）までの道のりにおける個と人との関係性とその諸相を、生涯発達の視点から幅広く学ぶことができる。

■課題とキーワード（＊）

※乳幼児期、児童期、青年期の発達時期を含めた内容であること

(1)　発達の規定因

　発達の規要因を理解し、学校心理士としての実践において適切な発達査定ならびに発達的視点からの事例理解ができる。

＊遺伝、環境、成熟説、環境優位説、環境閾値説、輻輳説、行動遺伝学

(2)　発達段階

　人の認知・思考の発達について、発達段階とその課題を踏まえ、学校心理士として生涯を通した認知や思考の問題への援助計画の立案・評価ができる。

＊乳児の知覚機能、生理的早産、DoHaD 仮説、原始反射、移行対象、分離不安、鏡映自己認知、自己中心性、アニミズム、劣等感、ギャングエイジ、疾風怒濤、心理的離乳、第二の固体化、アイデンティティ・ステイタス、古典的モラトリアムと現代的モラトリアム、青年期平穏説

(3)　発達と社会性

　親、仲間関係、愛着、そして道徳性について理解し、学校心理士として社会性の発達を促す援助計画の立案・評価ができる。

＊反応性愛着障害、愛着、養育スタイル、仲間関係、脱抑制型対人交流障害、道徳性、マルトリートメント、安全基地

(4)　発達の理論

　発達の理論を理解し、学校心理士として言語発達の援助計画の立案・評価ができる。

＊ピアジェの認知発達段階説、発達の最近接領域、人生の正午、フロイトの心理―性的発達段階説、ブロンフェンブレンナーの生態学的システム理論

第6章　臨床心理学

1．学校教育の基盤としての臨床心理学

　臨床心理学（clinical psychology）という用語は、ペンシルバニア大学に心理クリニック（psychological clinic）を創設したウイットマー（Witmer, L）によってはじめて用いられたとされている。心理クリニックにおける主な活動は、心理アセスメントを中心とした児童の学習や発達に関する臨床・研究であった。アメリカでは、ウイットマーは「臨床心理学の父」「学校心理学の父」と呼ばれている。その後、こうした施設が全米各地に設置されるとともに、臨床心理学の活動の場は、病院や障害者施設などへと徐々に広がっていった。第二次世界大戦後、それまでに並行して発展してきた心理療法の必要性が増す中で、心理アセスメントとともに心理療法が、臨床心理学の領域として定着する。今日の臨床心理学においてはさらに、学校、職場といったコミュニティに対するコンサルテーションもまた臨床心理学的援助の範疇として位置づけられている。

　学校教育場面においては、心理面・行動面の問題で学校生活の困難をもつ児童生徒が、良質の学校生活を送れるように援助するために、臨床心理学のさまざまなアセスメントや援助方法が活用されている。学校心理士は臨床心理学の基礎知識の学習が求められる。

　以下では、学校教育の基盤としての臨床心理学について、(1)心理面接の構造、(2)心理アセスメントとテストバッテリー、(3)心理療法、(4)精神疾患の四つの視点から概観する。

(1)　心理面接の構造

　心理面接をはじめるにあたっては、面接の場所、時間、頻度、期間、料金などの枠組みを、クライエントとセラピストとの間で、あらかじめ取り決めておく必要がある。面接時間は1回1時間が一般的であるが、頻度や期間に

ついては、ケースのニーズによって異なる。こうした枠組みのほかに、例えば子どもを対象としたプレイセラピー（遊戯療法）においては、カウンセラーに対する攻撃行動をおもちゃのハンマーのみ認めるなどといった、状況に応じた設定・制限が必要となる場合がある。こうした設定・制限は、無秩序な破壊行動や極端な逸脱行動から、クライエントとカウンセラーの双方を守るために必要となるだけでなく、共同して作業を行う心理的環境を整える上でも不可欠となる。

　心理面接は、目的、内容などの違いから、インテーク面接、並行面接（子どもの面接と並行して、母親などと面接を行う）、合同面接（母子や夫婦、家族などの複数のメンバーに対して同時に面接を行う）、訪問面接（不登校や引きこもり等に対して家庭訪問を行う）などに分けられる。インテーク面接は、受理面接とも呼ばれ、クライエントが抱えている問題の把握をするとともに、最適な支援方法を検討することを目的として行われる。インテーク面接の結果、当該施設・機関において十分な支援が行えないと判断した場合には、他機関への紹介などを行う。

(2) 心理アセスメントとテストバッテリー

　インテーク面接においては、各種心理検査の実施を含めた心理アセスメントが行われる。心理臨床におけるアセスメントは、心理的援助の対象となる人や環境について、情報の収集、分析、解釈・意味づけなどを行い、適切な心理的援助を計画・立案するために必要な情報を提供する一連のプロセスである。インテーク面接では、氏名や年齢、家族構成などの一般的な属性のほか、主訴、来談経緯、生育歴、治療歴、薬物投与の有無、学校での状況などを詳しく聞き取る。また、服装やしぐさ、態度や言動なども重要な情報となるので記録しておく必要がある。必要と判断された場合には、各種心理検査が実施される。通常、心理面接は1回1時間程度を目安とするが、心理検査を実施する場合、クライエントの心理的負担を考慮したうえで、ある程度延長する場合がある。複数の検査を実施する場合や長時間にわたることが予想

される場合には、あらかじめ複数回の面接を設定しておく必要がある。

　複数の心理検査を組み合わせて実施することを「テストバッテリーを組む」と言う。テストバッテリーは、複数の検査を組み合わせることによって、各検査を単独で実施した場合では得られない多面的な見方を提供することを目的としている。テストバッテリーを組む場合、まず中心となる検査を決定したのち、必要に応じてこれを補完する検査を順次決定する。

(3) 心理療法

　心理療法は、悩みや問題の解決のために来談した人に対して、薬物投与などの方法によらず、心理学的方法に基づいて援助を行うことである。

　心理療法の目標は、単に症状や異常行動の除去のみにあるのではなく、対象者が自らの内的な力を十分に発揮させながら、環境に対して積極的に働きかけることができるように援助することであり、その意味では、人格的な成長を促すことを目標としていると言っても過言ではない。一方、そうした内的な力をまだ十分に発揮できない幼児児童を対象としたり、薬物依存のように、問題行動の修正そのものが緊急の課題となる場合には、行動の変容が心理療法の目標となる。しかしそうした場合においても、発達レベルにあった内的成長を促す努力を忘れてはならない。重要なことは、アセスメント結果に基づき、心理療法を含めた最も有効な援助サービスを選択するということである。その際、複数の心理療法を組み合わせて実施するということもあり得る。

(4) 精神疾患

　学校心理士による援助サービスにおいては、学校場面におけるいじめや不登校、家庭場面における家族関係、家庭内暴力や虐待、社会的場面における非行や逸脱行動などが主な対象として考えられるが、その背景にはさまざまな精神疾患が関わっている場合がある。就学前の幼児期から児童期に顕在化する精神疾患には、知的能力障害、コミュニケーション障害、注意欠如・多動性障害、限局性学習障害、チック症を含む神経発達障害、分離不安障害や

選択性緘黙を含む不安障害、素行症などの秩序破壊的行動障害、反応性愛着障害と外傷後ストレス障害を含む心的外傷およびストレス因関連障害などがある。

　また、思春期以降に顕在化しやすい精神疾患には、双極性障害、うつ病や気分変調症を含む抑うつ症、解離性障害、性別違和、摂食障害、パーソナリティ障害、統合失調症スペクトラム障害などがある。こうした精神疾患の援助においては、家族および医療機関との連携が不可欠となる。例えば摂食障害においては、専門医のもとで、薬物療法を実施するとともに長期間にわたる栄養指導が必要となる。心理療法として、専門機関における家族療法を継続的に実施する場合もある。学校心理士は、こうした精神疾患の概要を十分に理解したうえで、学校場面における心理教育的サービスの立案と実施とあわせて、家族や医療機関と連携をはかることが重要な役割となる。

2．心と行動の問題

⑴　異常行動の理解

　学校内外で児童生徒が起す問題行動のうち、精神病理により理解すると、よりよく理解できるものがある。この精神病理は、現在ではDSM（アメリカ精神医学会編「精神疾患の診断・統計マニュアル」）に記載されている障害や精神疾患であるが、場合によっては家族の病理をも含めて考えると的確な場合がある。また、応用行動分析の考えにより、環境因子を特定できることもある。当然のことながら、学校心理士は精神科医と同等の精神医学の知識と診断能力を求められるものではないが、精神医学の基礎知識は備えておかなければならない。以下に、主な精神疾患について概説する。

⑵　気分の問題

　DSM-5の定義では、気分とは「世の中のものの知覚を特徴づける広範かつ持続的な情動」（DSM-5：p. 824、日本語版．p. 819）であるとし、「抑うつ障害群」と「双極性障害」に分けて掲載している。

抑うつ障害の中には、うつ病（大うつ病性障害）、気分変調症、月経前不快気分障害がある。うつ病は、9つの症状のうち、①抑うつ気分または②興味または喜びの喪失であることを含め、5つ以上の症状が2週間以上続く状態である。

　気分変調症とは、抑うつ気分がほとんど1日中存在し、それのない日よりもある日の方が多い状態が少なくとも2年間続いている場合をいう。

　治療には薬物療法や認知療法などがよく用いられる。

　双極性障害とは、うつ状態と「ハイ」になる躁状態が両方とも交互に出現する病気である。主たる原因は、遺伝的な体質によるので、いったん治っても、放っておくとほとんどの人が数年以内に再発する。そのため生涯にわたる予防療法が必要になる。治療は薬物療法が中心となる。

(3)　不安の問題

　不安はいたるところに見られる人間の経験であり、不安症（不安障害）は児童に最もよく診断される疾患である。不安障害の中で、最も早期に出現するものとして、分離不安症がある。

　分離不安とは、子どもが身近な家族や大事な人と離れたときに起こる不安感のことをいう。DSMによる精神障害とされる分離不安障害とは、一般の発育過程で起こる分離不安よりも著しく過剰な不安感や苦痛があって、それが一定の年齢を過ぎても継続する状態であるとされている。

　診断としては、「家または愛着をもっている重要な人物からの分離が予測される、または、経験されるときの反復的で過剰な苦痛」や「分離への恐怖のため、家から離れ、学校、仕事、または、その他の場所へ出かけることについての、持続的な抵抗または拒否」などの症状が4週間以上継続していることとされている。

　分離不安障害は7～8歳の児童に多く、有病率はおよそ4％程度であるが、その原因は、「生活上のストレス」、「家族関係」、「保護者のうち特に母親の不安定さ」にあるとされ、喪失体験など大きなストレスの後に起きる傾向が

ある。

　分離不安障害の治療には、遊戯療法、認知行動療法、家族療法など多様なものがあって、気分の落ち込みや不安症状が強い場合には、薬物療が用いられる。

　場面緘黙（選択性緘黙）は「他の状況で話しているにもかかわらず、特定の社会的状況において、話すことが一貫してできない」状態であるとDSMでは定義されている。その原因は、脳の損傷や先天的異常などの不可逆的・恒久的な器質障害ではなく、社交不安症（social anxiety disorder）の一つとして考えられ、適切な治療を行えば症状の改善は可能であるとされている。ただ、その際、「自発的な発話ができない」という状態像のみに注目し、「自発的に話せるようになる」ことを目的とするのではなく、その背景にある「不安」にうまく対応できるスキルを身につけさせることが、場面緘黙の改善に有効であるとされている。

　社交不安症（社会不安障害）は、人前でマイナスなイメージで批判されたり、他人に辱められる事に対する恐怖感を主な症状とする。非常に強い不安を感じるあまり、震え・吐き気などの身体症状が強く発現し、そういった場面にはなかなか慣れないため、たとえしなければならない事であっても次第に避けるようになり、日常生活に多大な影響を及ぼすようになる。

　パニック障害は繰り返される予期しないパニック発作が生じ、発作が起きるのではないかという心配（予期不安）もしくは発作を避けるような行動等をとることが一ヶ月以上持続する時に診断される。

　不安障害の治療の１つに、森田療法がある。

⑷　パーソナリティ障害

　心理学において、パーソナリティは古くから研究されているテーマであるが、DSM-5では、パーソナリティ特性を「環境および自分自身について、それらを知覚し、それらと関係をもち、それらについて思考する持続的様式であって、広範囲の社会的および個人的状況において示される」と定義して

いる（DSM-5：p. 647；日本語版p. 637）。そして、パーソナリティ障害の特徴とは、パーソナリティ特性に柔軟性がなく、非適応的で、その結果主観的な苦痛または機能的な障害を起こしていることを指す。DSM-5ではパーソナリティ障害を以下の3群に分類している。

A群（奇妙、風変わり）パーソナリティ障害：他人の動機を悪意あるものと感じ、常に疑い深いという特徴を示す猜疑性（妄想性）パーソナリティ障害、社会的関係から離脱し、対人関係で感情を表さないシゾイド（統合失調質）パーソナリティ障害、迷信や精神世界に深い興味・関心を持ち、時として奇妙な行動や言動をとることがある統合失調型パーソナリティ障害などがある。

B群（演技的、情緒的）パーソナリティ障害：対人関係・自己像・感情の不安定さ・著しい衝動性を示す境界性パーソナリティ障害、誇大性・過剰な賞賛の要求が強い反面、他者に対する共感性が低い自己愛性パーソナリティ障害、他人を搾取するような振る舞いや言動が目立つ反社会性パーソナリティ障害、過度な演技性反応と情緒性で、他者の注意を引こうとする演技性パーソナリティ障害などがある。

C群（不安・恐怖）パーソナリティ障害：不全感・社会的抑制・否定的評価に対して過敏という特徴を示す回避性パーソナリティ障害、他者に必要以上の助言を求め、分離に対して過度の見捨てられ不安を感じる依存性パーソナリティ障害、秩序や完璧主義、対人関係の制御にとらわれ柔軟性がない強迫性パーソナリティ障害などが挙げられる。

治療の基本的は、周辺環境の整理や周囲への心理教育が主で、心理学的な治療として心理教育的アプローチや認知行動療法がおこなわれることが多い。

3．多様な臨床心理学的アプローチ

本節では、主なカウンセリングの理論・技法の概略を述べるが、これらは児童生徒の学校生活での困難を理解し、援助の方法として使用するためのものである。そのためには、それぞれのカウンセリングの枠組みをきちんと理

解することが重要である。

(1) 力動的（精神分析的）アプローチ

　精神分析は、19世紀末、ジグムント・フロイトが創始した無意識的な心理過程の探求を中心とした心理療法であり、力動的アプローチとは、精神分析を起源とし、精神分析の考え方を基礎として発展した手法である。

　力動的アプローチでは、幼少期の養育者との関係の在り方が、後の心理的・行動的問題発生の重要な要因となることが強調される。すなわち、人は愛着対象である養育者との関係の中で対人関係パターンを形成し、後の様々な影響を受けながら、複雑な発達を遂げていく。

　力動的な心理療法の本質は、十分には体験されていない自己の側面の探求にある。とりわけ、その自己の側面がカウンセリング関係の中に姿を現すような仕方で、そして、それを修正するような仕方で、治療に取り組むのである。

　児童生徒が示す様々で複雑な問題を理解するのに、力動的アプローチの視点は、過去の親子関係で体験した感情が、今、他者へ向けられている可能性があること、それゆえ、表面上の言動に惑わされることなく、児童生徒の内面に潜む心の動きを理解することが大切であることを我々に教えてくれる。

(2) 来談者中心的（パーソンセンタード）アプローチ

　このアプローチは、カール・ロジャーズにより提唱されたものである。ロジャーズは、カウンセリングの促進条件として、共感的理解、無条件の肯定的配慮、自己一致（純粋性）の三つを挙げている。

　共感的理解とは、カウンセラーがクライエントの個人的な世界を、あたかもそれが自分自身の世界であるかのように、しかし、決して『あたかも……であるかのように』という性質を見失わないで感じることである。

　無条件の肯定的配慮とは、カウンセラーがクライエントの経験の様々な側面をクライエント自身の一部として温かく受容していることである。

　自己一致（純粋性）とは、カウンセラーの表面的、虚偽的、儀礼的かつ建

前ではない、純粋で誠実かつ正直な態度を意味する。

　以上の3つの条件は、カウンセリングを成立させるための必要条件であると考えられている。

(3)　認知行動論的アプローチ

　このアプローチにおいては、中核信念という最も基底的な層にあり包括的かつ固定的で過度に一般化された信念があると考える。そして、中核信念からルール、構え、思い込みなどいくつかの媒介信念があると仮定され、自動思考が形成されるとされている。自動思考とは、何らかの契機があると自動的に意図せず脳裏に浮かぶ習慣化した思考であると考える。また、介入の手順としては、次のようなものが考えられる。

　1)　クライエントの自動思考への理解を深める。

　2)　クライエントの非機能的な認知を同定し、検証することで、機能的な認知に修正する（認知再構成法）。

　3)　現在の行動を検討し、ロールプレイやソーシャルスキル・トレーニングを行い、不適切な行動を改め、望ましい行動を形成していく。

　4)　セッションとセッションの間に実践すべきホームワークを与える。これは、日常活動表や思考記録表によるセルフ・モニタリングも含まれる。

　論理療法は、認知行動療法的アプローチの一つである。マインドフルネスとは、「今ここでの体験に、評価せず、とらわれのない状態のままただ観察していく心的活動及びその状態」と定義される。

　認知行動療法的アプローチは、行動科学的な見地に基礎を置き、エビデンスの確認に最も積極的な心理介入アプローチである。

(4)　システム論的アプローチ

　システム論的アプローチとは、現在では家族療法の主流となっている療法である。システム論的アプローチによる家族療法では、家族を、個々の成員が互いに影響を与え合うひとつのシステムとして考える。そのため、家族成員に生じた問題は、単一の原因に起因するものではなく、互いに影響を与え

合う中で、問題を維持する原因と結果の悪循環を描いていると考えていく。そこで、問題を抱えた家族成員を、従来のクライエントという呼び方ではなく、家族を代表して問題を表現している人という意味で、IP（Identified Patient）と呼ぶ。

　基礎理論としては、否定的なメッセージとそれと矛盾する否定的なメッセージが存在する状況に置かれるというダブルバインド（二重拘束仮説）、家族をシステムとしてとらえる一般システム理論、家族が自動制御プロセスを持っているとするサイバネティックスなどがある。

　技法としては、ある枠組み（フレーム）で捉えられている物事を枠組みをはずして、違う枠組みで見るというリフレーミング、症状や問題が悪化する方向へ治療をすすめるように見えながら、実際には、悪循環を切断するパラドックス、家族システムの一部として治療者（カウンセラー）が積極的に参加（ジョイン）して介入するというジョイニングといった技法がある。

　学校心理士の対象は児童生徒であるので、対象となる児童生徒の問題解決のために家族療法的な発想でアプローチすることが必要な場合がある。

(5)　折衷的（統合的）アプローチ

　学校心理士が取り扱う問題は、進路、性格、友人関係、いじめ、不登校、非行など、極めて多彩である。そのため、一つのアプローチだけですべてを解決することは不可能である。そのために、学校心理士は、クライエントに理論・技法を合わせるという折衷的（統合的）アプローチの原則に立つこと、つまり目の前のクライエントに合わせて手持ちの理論・技法を選択するというのが現実的な実践の姿である。

　この折衷的（統合的）アプローチの一つに森田療法をとり入れたアクティブカウンセリングがある。これは、面接の過程を次の三つの段階に分けて考え、クライエントの状況と面接の進み方に応じて対応していくというものである。

　1）　主観期：クライエントの主観的な体験や気持ちを述べてもらい、カウ

ンセラーは傾聴し、共感的に応答し、体験や事実の描写や主観的分析を求める段階である。

2) 客観期：クライエントの自己省察と認識や知覚のパターンの変容を起させるような積極的な働きかけをカウンセラーが行う段階である。

3) 行動期：実践課題として実現可能な宿題を出し、次のセッションまでに実践してきてもらう。面接中に現実場面を想定して、適切な対応策を吟味したり、予行演習を行う場合もある。この行動期は不安なままに現実の課題を実行することがポイントとなる。

学校心理士は、一つのアプローチですべての問題を解決するのではなく、必要に応じて適切なアプローチを使用できる必要がある。

4. 学校における児童生徒の問題

不登校やいじめなど、さまざまな問題で苦悩する子どもや保護者、教師に向き合い、問題が深刻化し長期化したケースに対応するたびに、「問題行動のサインをもっと早く発見し、事態が深刻になる前に何らかの対応をしていれば、これほど苦しむことはなかったのに」という思いを繰り返し、早期発見・早期対応の重要性を痛感している。以下に、問題行動の理解の枠組みについて述べる。

⑴ 問題行動とは何か

問題行動は、従来の図式では、①社会規範からの逸脱という反社会的行動、②ひきこもり傾向が強く社会参加が達成されない非社会的行動、③習癖や自傷行為など、日常生活に支障をきたしたり、自己を傷つけるような行動の三つに分けて説明されてきた。また、学業不振や学習困難などは、問題行動とは見なされないことも多かった。

社会で承認されている価値体系や規範から逸脱し、それを攻撃したり、破壊しようとする行動と、対人関係を形成・維持するためのスキルに乏しく、対人場面に強い不安や緊張を示すほか、自尊心や自信に欠け、社会的に孤立

しがちな行動とは対照的に見えるが、その原因や背景では共通する部分が多く、どのような問題行動として表面化するかは異なる。最近では、表面的には従順で「ひきこもり」傾向のある子どもが、衝動的な暴力・犯罪行為を引き起こす事例も報じられており、従来の図式では捉えられなくなっている。また、問題行動の現れ方も多様であり、暴力や攻撃などのような全身的行動、チック・爪かみ・緘黙などの部分的行動のほか、「心身症」のように身体症状を伴う反応や、不安・抑うつ・怒りといった不快感情が身体症状を伴って生じる場合など、問題行動は心身のさまざまな領域において現れる。

　さらに、表面的には一つの問題行動のように見えて、実際には複数の問題行動が複合している場合がある。例えば、不登校については、不安や抑うつといった不快感情のほか、家庭内暴力、「ひきこもり」、無気力、心身症などを示すことが多い。また、非行においても、万引きを繰り返す子どもが、チックや心身症を併せもっていたり、仲間集団から孤立している場合もある。

(2)　問題行動の発見

　問題行動は、子どもの観察された行動が期待される行動と大きな違いを生じているときに発見されることが多い。子どもの発達課題や教育課題への取り組みが、その年齢の多くの子どもと比較して著しく遅れている場合や、所属集団の基準から大きく逸脱している場合には、その行動は問題行動として見なされやすい。また、発達課題や教育課題への取り組みにおいて、自らの対処能力や周囲の援助資源で解決できない状況が持続した危機的状況のほか、心的外傷になる出来事によって生じた危機や心的外傷後ストレス障害（PTSD）、心身の障害により学校生活に支障が生じた場合などに、問題行動が生じやすい。そのほか、精神疾患による異常行動として理解しなければならない行動があり、精神科医などの診断や治療を必要とする場合もある。学校心理士は、学校における発達課題・教育課題での取り組みの過程で出会う問題状況や危機的状況を理解する枠組みとともに、精神疾患の症状や診断基準などの基礎知識を備えておく必要がある。

(3) 発達障害と問題行動

　就学前あるいは就学後に顕在化し、二次的障害として問題行動を生じさせてしまう障害として、知的能力障害、LD（限局性学習障害）、ADHD（注意欠陥／多動性障害）、自閉症スペクトラム障害などがある。年齢に不相応だとみなされる行動に対しては、周囲からネガティブな評価を受けやすく、適切な対応がなされない結果、子どもの自己評価や自尊心が低下し、反抗的行動などの増幅や、抑うつ・不安等の否定的感情の高まりなどが二次的障害として見られることがある。

(4) 家庭内暴力と児童虐待

　子どもが家庭で暴力を振るう家庭内暴力のほか、保護者が児童の身体に暴行を加えたり、著しい苦痛を与える言動を行う児童虐待は、次の4つが指摘される。①身体的虐待：外傷が残ったり、生命に危険を及ぼすような暴行が行われる。②保護の怠慢・拒否（ネグレクト）：遺棄のほか、衣食住や清潔さについて適切な状態を損なう放置が行われる場合がある。③性的虐待：親または親に代わる保護者による性的暴行である。虐待を受けた児童の心に大きな傷を残すが、子どもが虐待の事実を明らかにしないことも多く、表面化しにくい。④心理的虐待：極端なののしりや無視などにより、心理的外傷が与えられる。他の虐待に伴うことが多く、心理的虐待だけが加えられた場合は表面化しにくい。さらに、虐待を受けた子どもは、解離性障害を発症しやすいという見方もあり、児童虐待の早期発見と早期対応は重要な課題である。児童虐待の疑いを持った場合には、児童相談所に通告する義務があることが「児童虐待の防止等に関する法律」により定められている。

　このほか、児童生徒の問題行動の背景に、親との別居や死別、親の離婚や再婚、家庭崩壊など、家庭の教育力の低下につながる「家庭の危機」が関係している場合も少なくない。

(5) 不登校、いじめ、暴力行為、非行

　不登校は、広義には、学校に登校しないすべての現象を指すが、「心理的、

情緒的、身体的、あるいは社会的要因・背景により、児童生徒が登校しない、あるいはしたくともできない状態にあること（ただし、病気や経済的理由によるものを除く）」とされる。不登校要因の複雑化と多様化のため、平成28年度文部科学省は「今後の不登校に関する対応の在り方の最終報告」において、不登校の解決目標は「社会的自立」であり、具体的にどのような支援が必要であるかを正しくアセスメントを行い、適切な機関による支援と多様な学習の機会を提供することが重要であるとされている。

　いじめとは、いじめ防止対策推進法（平成25年法律）の定義によると、「児童等に対して、当該児童等が在籍する学校に在籍している等当該児童等と一定の人的関係にある他の児童等が行う心理的又は物理的な影響を与える行為（インターネットを通じて行われるものを含む。）であって、当該行為の対象となった児童等が心身の苦痛を感じているもの」をいう。

　いじめは、どの子供にも、どの学校でも起こりうることである。そのため、より根本的ないじめの問題克服のためには、全ての児童生徒を対象としたいじめの未然防止の観点が重要であり、全ての児童生徒を、いじめに向かわせることなく、心の通う対人関係を構築できる社会性のある大人へと育み、いじめを生まない土壌をつくるために、地域、学校と家庭が一体となって取り組む必要がある。

　暴力行為としては、対教師暴力、何らかの人間関係がある児童生徒間で生じる生徒間暴力のほか、対人暴力、学校の施設や設備等に対する器物損壊が指摘されている。最近では小学校における暴力行為の増加が深刻な課題である。

　不登校、いじめ、暴力行為、非行などは相互に関連している場合があり、発達障害や精神疾患が要因となっている場合もあるので、適切な心理教育的アセスメントを行う必要がある。

　非行についても低年齢化が指摘され、社会的環境の悪化や有害情報の氾濫等に誘発された「遊び型非行」では、普通の家庭の子どもが万引や恐喝、性

の逸脱行為、薬物乱用などを行ったり、模範的な子どもが突発的に犯罪行為に及んだという事例も出現している。

　非行の原因は、子供自身の性格や家庭環境、両親の養育態度など様々な要因が複合的に交錯しながら形成される。非行から立ち直ることは、マイナスになっている要因をプラスに変化させていくことにあり、一つのプラスの変化が新たな変化へと連鎖反応的に増幅していくことであるともいえる。

５．心理臨床等の専門家と専門機関

　以前は、学級内でおきる問題はすべて担任が、学校内でおきる問題はすべて学校が抱え込んで解決するという考えが普通であった。しかし、そうした考えでは学級内と学校内の問題は解決できないことが明らかとなってきた。そのため、学校内にはスクールカウンセラーなどの教諭以外の職種が在職するようになり、学校外の各種専門機関との連携も活発に行われるようになってきた。学校心理士は、こうした学校内の心理臨床等の専門家、及び学校外の専門機関との連携を行うコーディネーションの力量が求められる。

　その力量とは、一つは自分がかかわり続けるのがよいのか、それとも学校内の専門家や学校外の専門機関を紹介するのがよいのかを判断する能力である。

　二つには、学校外の複数の専門機関を知っていて、その特徴、専門性、料金等の情報提供ができることである。このため、常日頃から学校と連携する専門機関の情報を入手しておく必要がある。

　三つには、専門機関に紹介したからといって、自分はもう手を引くというのではなく、学校心理士としてかかわり続けられることである。

　四つには、そのかかわり続けることの中で、紹介した専門機関と適切に連携を取れることである。

⑴　スクールカウンセラーなどとの連携

　学校心理士自身がスクールカウンセラーとして、働くことがある。また、

学校心理士がスクールカウンセラーと連携するキーパーソンになる場合も多い。スクールカウンセラーなどとの連携の基本は、信頼関係を築くことである。そのためには、学校心理士は勤務校の課題を把握し、学校心理士が担う課題とスクールカウンセラーなどが担う課題を、よく話し合って振り分けることが必要である。その際、学校心理士の立場を明確にする必要がある。例えば、分掌としての生徒指導という立場なのか、養護教諭という立場なのか、担任という立場なのかといったことである。

次に学校心理士はスクールカウンセラーなどに学校職員の一員としての自覚を持ってもらうように働きかける必要がある。理想的には、学校心理士がスクールカウンセラーなどの担当者になることである。そして、スクールカウンセラーなどの居場所作りをしたり、校内組織の中に適切に位置づけしたりすることも必要である。さらに、スクールカウンセラーなどに、例えば生徒対応のルールなど勤務校の実際をよく分かってもらうように働きかけることも必要である。

(2) 医療機関との連携

リストカットや様々な自傷行為が激しい場合、自殺の恐れのある場合、他人を傷つける恐れのある場合は、保護者と相談して精神科の受診を勧める必要がある。

うつ病とか統合失調症といった深い病理が疑われる場合、いきなり精神科を勧めると保護者や本人の抵抗感を招くことが多い。そのため、まずは心療内科や心理クリニックを紹介するのが無難であろう。

不安症状や強迫症状が強く本人の病識があり治療意欲もある場合や、やせ過ぎで明らかな摂食障害があると分かる場合などは、保護者と本人と話し合って医療機関を紹介する必要がある。この場合も、まずは心療内科や心理クリニックを紹介するのが無難であろう。

不登校の初期に頭痛や腹痛などの心理的なストレスで症状が強く出ていると思われる場合は、普通の内科よりは心療内科を受診してもらうとよい。

⑶　福祉機関との連携

　学校心理士が一番連携を取る福祉機関は、児童相談所である。児童相談所には三大機能として、1)専門的な角度から総合的に調査、診断、判定し援助する「相談」、2)子どもを家庭から離す「一時保護」、3)子どもを児童福祉施設、指定医療機関などに入所させる「措置」がある。相談の種別としては、1)養育困難や虐待等の養護相談、2)障害相談、3)非行相談、4)育成相談などがある。また、親権喪失審判申し立ての権限、各種判定や市町村への助言など多くの権限が付与されている。

　近年、児童相談所よりも身近な相談窓口として、「児童家庭支援センター」が全国的に設置されている。これは、より幅広い子どもと子育ての支援を行う施設で、障害のある児童とその保護者に対する相談や適正な施設の紹介、虐待を受けた児童を児童相談所などで保護するための橋渡しの他、一般家庭の育児に関するさまざまな悩みについても幅広く相談することができる。

　学校心理士が効果的な連携を進めるには、何ができて何ができないかということを含め、児童相談所や児童家庭支援センターの業務内容や役割を理解することが必要である。そして、学校での日常の行動観察や家庭訪問で得た情報を整理し、必要に応じていつでも提示できるようにする必要がある。

⑷　司法機関との連携

　勤務校を管轄する警察署がどこにあるのか、学区内の交番がどこにあるのか、110番ではなく管轄の警察署の電話番号、そして警察署の中で学校の窓口となっている生活安全課少年係の課長、係長、担当者の名前といった情報は、警察と連携をとる場合に最低限知っていなければならない情報である。年度当初に、校長といった管理職と一緒に挨拶に行き、名刺交換をすることは、連携をする上では欠かせないことである。

　そして、校内や他の学校職員から相談を受けた場合、明らかに犯罪性のあるものは、被害届を出す、出さないにかかわらず、警察に一報を入れ、担当警察官の意見を聞く必要がある。それは事件として成立しなくても、次に起

きた時の対応策の一つにもなるからである。警察に相談し、法律、犯罪という視点から問題を考えることは、教員同士の話し合いでは、気が付かない別の視点から問題を考えることができるという利点がもたらされる。

　万引き、カツアゲ、ネット上の誹謗中傷、援助交際などの行為は、それぞれ刑法上の窃盗、恐喝、名誉毀損、売春防止法違反に該当する違法な行為であって、決して容認してはならない行為であることを、日頃から児童生徒ばかりでなく、保護者、そして教員に対しても指導する必要がある。

(5)　地域社会との連携

　具体的には、各県や市町村の教育委員会生徒指導担当課との連携が第一に挙げられる。ここでは、生徒指導主事等の担当者を集めた研修会や会議で各学校との情報交換を行いながら、必要に応じて事故や問題行動への連携が取れる体制づくりを行っている。

　また、問題行動への対応について助言を求めたい場合には、県や市町村が設置している教育センターや教育相談所などの相談機関が身近であろう。

　不登校の児童生徒へのサポートとしては、適応指導教室（教育支援センター）がある。

　大学や研究機関との連携も効果的な場合がある。学校心理士としては、校内研修会や事例検討会の講師に大学教員などの研究者を講師として招聘できるように、大学や研究機関と繋がり、ネットワークを広げておくことが重要である。可能なら、外部の専門家を研究協力者として校内体制の中に位置づけることができれば、学校にとって得るものは大きい。

　一方で、学校心理士は、学会や研究会に積極的に参加し、実践的研究者として、あるいは研究者と協働して、自らの実践を理論化し、外に発信することが、大学や研究機関を現場に近づける働きかけといえる。

6．引用文献

アメリカ精神医学会（編）　高橋三郎他（監訳）　2014　DSM-5精神疾患の

　　診断・統計マニュアル　医学書院

Beck, J.S.　伊藤恵美・神村栄一・藤澤大介（訳）　2004　認知療法実践ガ
　　イドブック　基礎から応用まで―ジュディス・ベックの認知療法テキスト
　　星和書店

ホフマン L.　亀口憲治（訳）　2006　家族療法の基礎理論：創始者と主要な
　　アプローチ　朝日出版社

石山一舟・我妻則明　2004　アクティブカウンセリング入門―森田療法を取
　　り入れた新しい面接技法　誠信書房

衣斐哲臣　2008　子ども相談・資源活用のワザ　金剛出版

国立教育政策研究所生徒指導研究センター　2009　規範意識をはぐくむ生徒
　　指導体制

ルネーMトービン他　高橋祥友（監訳）　2017　学校関係者のためのDSM-
　　5　医学書院

ロジャーズ・C.R.　友田不二男（編訳）　1968　カウンセリングの訓練　ロ
　　ジャーズ全集第16巻　岩崎学術出版社

上地安昭　2005　教師カウンセラーのアイデンティティと実践的役割　上地
　　安昭（編著）　教師カウンセラー―教育に活かすカウンセリングの理論と
　　実践　金子書房　pp. 182-196.

鵜養啓子　2007　教員との連携　村山正治（編）　学校臨床のヒント―SC
　　のための73のキーワード　金剛出版　pp. 197.

7．参考図書

有村久春　2008　改訂版　キーワードで学ぶ　特別活動　生徒指導・教育相
談　金子書房
　　生徒指導や教育相談、特別活動に関する74のキーワードに、具体的な説
　　明とともに、要点が図解されており、児童生徒の成長や発達の支援や指導
　　についてのあり方を総合的に把握することができる。

石山一舟・我妻則明　2004　アクティブカウンセリング入門　森田療法を取り入れた新しい面接技法　誠信書房

　　カウンセリングの一連の経過を、来談者との信頼関係を構築する主観期、来談者の認知の変容を図る客観期、不安を需要しながら来談者自身の欲求に沿った建設的な行動に踏み出すことを促す行動期の三つの段階に分けて考える。習得も容易なため、学校心理士に適した療法と言える。

日本心理研修センター　2018　公認心理師現任者講習会テキスト　金剛出版

　　保健医療・福祉・教育などの領域において多くの知識をもうらした一冊である。学校心理士に幅広い考えを紹介してくれる。

渡辺弥生・丹羽洋子・篠田晴男・堀内ゆかり　2006　改訂版 学校だからできる生徒指導・教育相談　北樹出版

　　生徒指導や教育相談に必要となる「発達」についての基礎的知識に重点を起き、子どもの示す問題とどのような関係があるか、またその関連を踏まえてどのように対応していけばよいかについて、学校で可能な具体的な対応とその技法について紹介されている。

■課題とキーワード（＊）

⑴　学校教育の基盤としての臨床心理学

　　心理面・行動面の問題で学校生活の困難をもつ児童生徒が、良質の学校生活を送れるように援助するために「臨床心理学」のアセスメントと援助方法を活用できる。

＊面接の構造、査定と介入、精神疾患、テストバッテリー、カウンセリングと心理療法

⑵　心と行動の問題

　　学校生活の困難の要因となる心と行動の問題について、障害や精神疾患あるいは家庭内の問題の枠組み（DSM-Ⅳ など）から把握することができ、適切なアセスメントの方法について検討できる。

＊異常行動の理解、DSM-Ⅳ、応用行動分析、家族の病理、気分障害、不安障害、人格障害、分離不安

⑶　多様な臨床心理学的アプローチ

　主な心理療法の枠組みをきちんと理解し、児童生徒の学校生活での困難の要因の理解と援助の枠組みとして参照できる。

＊精神分析的（力動的）アプローチ、来談者中心的（パーソンセンタード）アプローチ、認知行動論的アプローチ、システム論的アプローチ、折衷的（統合的）アプローチ

⑷　学校における児童生徒の問題

　不登校、いじめ、非行、虐待などの学校における児童生徒の問題を、発達・教育上の課題として捉える際、障害や精神疾患あるいは家庭内の問題の枠組みを参照することができる。

＊不登校、いじめ、非行、児童虐待、選択性緘黙

⑸　心理臨床等の専門家と専門機関

　学校と連携する必要のある医療機関、司法機関、福祉機関等の概略を知っているばかりでなく、具体的な連携方法、連携上の注意点等を踏まえたうえで、効果的な連携を検討できる。

＊スクールカウンセラーなどとの連携、医療機関との連携、福祉機関との連携、司法機関との連携、地域社会との連携

第3部　心理教育的援助サービスの方法

第7章　心理教育的アセスメント

1．心理教育的アセスメントとは

　石隈（1999）によれば、「心理教育的アセスメントは、子どもの問題状況についての情報を収集し、分析して、援助介入に関する意志決定を行う資料を提供するプロセスである。」学校場面であれ臨床的な場面であれ、教育・援助的な働きかけは意志決定の連続であり、それは、対象者の特性や彼らの生活する状況についての適確な情報に基づいて計画・実行されなければならない。換言すれば、収集された情報は、なぜそのような働きかけをしたのかと問われたとき、その根拠を与えるものであり、それが十分でなければ、社会的な説明責任が果たせないということになる。

　心理教育的アセスメントと言われると、多くの人が、知能検査や学力検査、人格検査など、標準化されたテストによる、子どもの特性の測定・評価を連想するのではなかろうか。収集する情報の正確さあるいは公共性といった点に着目すれば、そうした連想は当然のことではあるが、意志決定のための情報収集という点に着目すれば、標準化されたテストによる子どもの特性の理解に止まらず、もっと広範囲のものを指しているとみるべきであろう。

　学校心理学は、子どもたちの健やかな学校生活を保障するための理論と実践の体系である。つまり、学校心理学は、学校の中で特別な支援を必要としている子どもだけではなく、学校にいるすべての子どもたちの健やかな発達に関わっているというのが大前提であり、子どもたちと彼らの教育環境に関するあらゆる情報がアセスメントの対象となる。もちろん、現実的には、何

らかの問題や障害によって、学校生活の中で困難な状況に陥っている子ども
たちに対して、より多くのサービスが提供されることになる。

　アセスメントでは、まず第一に、心理教育的援助サービスの受け手となる
子どもに関する情報を収集することになる。学習面で困難な状況に陥ってい
る子どもに関して言えば、その認知能力に関する情報収集からはじめること
になるであろう。標準化された知能検査や学力検査は、こうした際のアセス
メントの定番であるが、それまでの学校生活の中で蓄積された種々の学習結
果（たとえば、単元ごと、あるいは中間・学期末のテストの結果、作文や絵などの作
品・提出物、授業への取り組みについての教師の印象等）も重要な対象となる。困
難な状況にいる子どもを理解し支援するという観点に立てば、子どもがつま
ずいている箇所や認知能力に関する弱点を明らかにすることが目指されるこ
とになるが、そうした点に加え、子どもの優れている点、得意な点など「自
助資源」に関する情報は、問題解決へ向けての働きかけを組み立てる際の手
掛かりを与えるという意味で重要である。

　サービスの受け手である子どもに関する情報とともに、サービスを受ける
場、つまり学校環境に関する情報も、アセスメントの対象となる。学校心理
学では、現に問題が生じている場（学校・学級）における支援を重視する。
これは、一般的にはコンサルテーションという形をとって行われることにな
る。コンサルテーションでは、学校心理士は、学校現場で直接子どもに働き
かける教師と共同戦線を張りながら、問題解決を図ることになる。学校環境
に関する情報は、学校での支援を真に意味あるものにするために、欠かせな
いものである。

　学校環境に関するアセスメントの対象としては、まずは校内の物理的環境
を挙げることができる。建物や部屋の配置、注意すべき場所等について知っ
ておくことは学校経営という観点から大事なことであるが、個別的な対応が
必要になったときに利用できる部屋や、必要となる機材・教材等について情
報を収集しておくことが必要である。

そうした物理的な環境に関する情報以上に、人的な環境に関する情報は重要である。クラスメイト、学級担任、学年の担任団、教科担任、学校全体のスタッフ等について知っておくこと、しかも、単に、誰がいるかといった物理的な把握にとどまらず、どのような特性をもった人かについて知っておくことが、人的資源の活用という観点から重要である。

　また、節を改めて解説するが、学校教育は学級を単位として展開されることが一般的であり、学級の雰囲気や学級経営についての学級担任の考え方、担任と子どもたちの人間関係等について知っておくことも大切である。

　本章では、アセスメントに関して概説をする本節に続き、まず、学校心理学サービスの受け手となる子どもに関するアセスメントについて、「心理教育的アセスメントの方法」、「心理検査の活用」という観点から詳述する。次いで、援助サービスを受ける場である学校環境に関するアセスメントについて述べ、最後に、学校教育の中で用いられている教育評価の方法や評価の段階等について解説をする。

２．心理教育的アセスメントの方法

⑴　子どもおよび関係者との面接

　面接は、アセスメントを目的とした面接と援助介入を目的とした面接に分けられる。アセスメントを目的とした面接は、通常、インテーク面接あるいは受理面接と呼ばれ、援助の対象となる子どもが抱える問題を把握するとともに、適切な支援を計画することを目的として行われる。子どもについての情報は、さらに保護者や担任教師、その他の関係者などとの面接を通しても収集される。面接を通して適切な情報を収集するための知識と技能を修得するためには、十分な学習と訓練が不可欠となる。

⑵　心理検査

　心理検査は、心理教育的アセスメントの中核となる技法である。心理検査には、複数の対象に同時に実施する集団実施式検査と個人に対して実施する

個別実施式検査がある。学校心理士が心理教育的アセスメントにおいて用いるのは、主に個別実施式検査である。集団実施式検査は、スクリーニング検査として用いるべきものが多く、集団実施式検査において何らかの問題が発見された場合には、さらに個別実施式検査を用いて詳細なアセスメントを行う必要がある。

　学校心理士が用いる個別実施式の心理検査には、発達検査（微細運動、粗大運動、知覚・認知、言語、社会性など）、知能検査、学力検査、人格検査（質問紙法、投映法、作業検査法など）などがある。

　心理検査は、"こころ"という非常に複雑で、かつ直接観察できないものを対象として行われるので、その科学性がしっかりと保証されていなければならない。科学性の指標として、一般に妥当性と信頼性が用いられる。妥当性は、測定しようと意図している内容と実際に検査が測定している内容が一致しているかということである。心理検査の妥当性には、内容的妥当性、基準関連妥当性、構成概念的妥当性などがある。標準化されてから年数を経た検査は妥当性が低くなる（フリン効果）ため、常に最新の改訂版を用いてアセスメントする必要がある。信頼性は、検査結果の安定性を示すもので、複数回にわたり検査を実施した場合の得点の一貫性を示す概念である。心理検査の信頼性を測定する方法としては、平行法、再検査法、折半法などがある。学校心理士は、使用する心理検査の妥当性と信頼性について、検査マニュアルや手引書をもとに確認すべきである。

　また、心理検査を正しく実施するためには、その検査法に関する十分な知識と熟達した技能が求められる。特に知能検査や投影法を用いた人格検査などのように実施や解釈に高度な技能が要求される心理検査では、その知識と技能を常に研鑽する努力が求められる。

(3)　行動観察

　子どもが見せる行動は重要な質的情報である。行動観察の方法は、①観察の構造化の程度および②観察者の関与の有無から分類することができる。た

とえば自由遊び場面に比べて、心理検査場面は、測定する行動と方法があらかじめしっかりと決められていることから、構造化の程度が高い観察であると言える。また、プレイルームにおいて、子どもと直接関わりながら観察する場合は関与しながらの観察であり、VTR等で撮影された行動をもとに観察する場合は関与しない観察である。

　個別実施式の心理検査は、構造化の程度が高く、かつ関与しながらの観察である。検査者は、検査の目的を熟知するとともに、検査者の態度や反応が検査結果に影響を及ぼすことに注意が必要である。また、心理検査場面における子どもの服装や外見的印象、受検態度、注意や不安の程度、課題の解き方なども、検査結果を解釈する際に重要な情報となる。

　行動観察の方法はまた、その観察技法から、場面見本法、時間見本法などに分類することができる。場面見本法は、日常生活の中から、反復してあらわれる行動を選択し、これを組織的に観察する方法である。時間見本法は、対象者の行動をある一定時間観察し、得られた行動サンプルを系統的に分析する方法である。このほかに、日誌法（行動の日誌型の記述）や逸話記録法（行動の偶発的な発生の観察）などがあり、観察の目的に合わせて選択する。

⑷　記録・書類の検討
　子どもに関する記録や書類は、アセスメントにおいて重要な情報を提供する。子どもの入学・進学・転校、出席日数、学業成績などの学校に関する情報のほか、生育歴、相談歴、治療歴、療育歴、投薬の有無など、教育相談機関や医療機関から得られる情報もまた重要となる。なお、個人情報保護の観点から、心理検査の結果を含めて、記録や書類の保管には十分な配慮が必要である。

３．心理検査の活用
　一般に心理検査と呼ばれるものには、発達、知能、性格・人格、進路など多岐にわたる領域の検査がある。そのうちここでは、学校心理士に特に関係

あると思われるものをとりあげることにする。

(1) 知能検査

1905年に、フランスの実験心理学者ビネーが、政府より特別な支援教育を
必要とする児童を探すためのテストを作るよう依頼され、友人である医師の
シモンの協力を得て作成したものが最初の知能検査であるとされている。

知能検査には集団式と個別式があるが、ここでは、個別式知能検査につ
いて述べる。現在日本でよく用いられるのは、ビネー式検査とウェクスラ
ー式検査である。ビネー式検査は、各年齢級を構成する小問に通過した分
だけ月齢が加算され、精神年齢が算出され、そこから IQ（知能指数）が、
次の式により算出される。

$$IQ = \frac{MA（精神年齢）}{CA（生活年齢）} \times 100$$

現在最新のものは、田中ビネーV（ファイブ）（2005年刊行）である。

一方、ウェクスラー式検査は、現在日本では、幼児用として WPPSI-III
(Wechsler Preschool and Primary Scale of Intelligence；日本版　2017年刊行)、児
童用（5歳0ヵ月〜16歳11ヵ月）として WISC-IV (Wechsler Intelligence Scale
for Children；日本版　2010年刊行)、成人用（16歳以上）として WAIS-IV (We-
chsler Adult Intelligence Scale；日本版　2018年刊行) がある。ウェクスラー式
検査の大きな特徴は、知能を構造的に捉えることと、検査結果を精神年齢か
ら算出する IQ ではなく、偏差 IQ（DIQ）と呼ばれる、同年齢集団の中での
相対評価を用いる（図7-1参照）ことである（田中ビネーVでも、14歳以上に関
しては、精神年齢を算出せず、全体の評価を総合 DIQ で示し、また、知能を因子に分
け、領域別 DIQ を設けている）。

WISC-IVでは、WISC-IIIにあった言語性 IQ、動作性 IQ という概念はな
くなり、全般的な知能水準を表す全検査 IQ と、知能を4つの領域に分けて
とらえる四つの指標得点（言語理解、知覚推理、ワーキングメモリ、処理速度）
といった合成得点（平均が100、標準偏差15）が最終的に示される。アセスメ

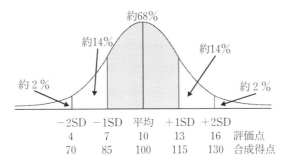

図 7-1　WISC-Ⅳ知能検査の評価点や合成得点の分布

ントに際しては、必要に応じて、下位検査ごとの評価点（平均が10、標準偏差3）を解釈し、受検者の各下位検査に関する能力の強弱を調べることができる。したがって、たとえば学習につまずきのある児童の指導においては、そのつまずきの背景に、どの能力の弱さが関係しているか把握したり、強い能力を活用して指導計画を立てたりすることができる。合成得点でいえば、平均から±1標準偏差の範囲内であれば通常範囲、平均から±2標準偏差（この範囲に同年齢の子どもの約96％が含まれる）以上離れると、平均的な子どもより有意に高い（低い）とされる。ウェクスラー式検査では、各年齢の平均値との比較（個人間差）だけでなく、1人の子どもの得意な能力と不得意な能力の間に見られるアンバランスさ（個人内差）の把握に適している。全検査IQの値で全般的な知的水準を求めるだけではなく、各指標得点の間や、各下位検査の評価点の間のアンバランスさを充分に調べることが重要である。

　そのほか同年齢集団の中での相対的な位置を示す評価点や合成得点を用いた検査として KABC-Ⅱ（Kaufman Assessment Battery for Children Second Edition）が挙げられる。KABC-Ⅱは、認知処理様式等の特性を測る認知尺度と学力を測る習得尺度から多面的に子どもの能力を把握することができる。前者では、子どもの学習スタイルとして継次処理（時間的系列的処理）と同時処理（空間的統合的処理）のどちらが適しているかがわかるほか、プランニン

グや新しく学習したことを時間をおいてどのくらい想起できるかなどの力を測ることができる。後者の習得尺度は、語彙、読み書き、算数といった学力がどの程度活用できるかを測定する。

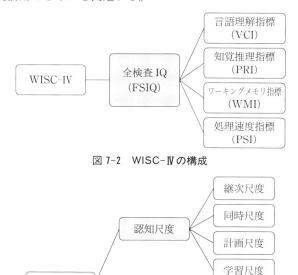

図 7-2　WISC-Ⅳ の構成

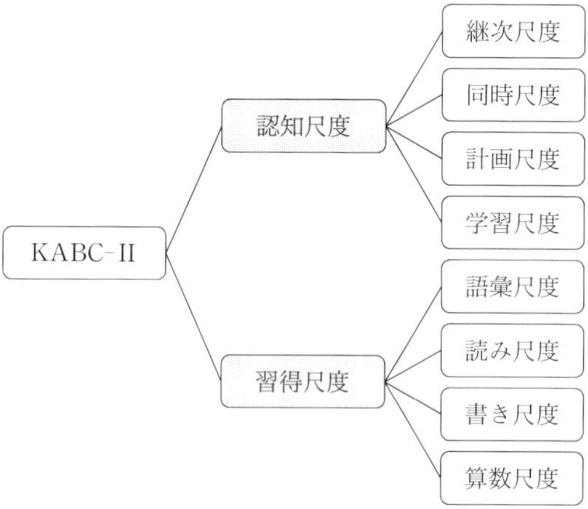

図 7-3　KABC-Ⅱ の構成

　学習面や行動面に困難さのある対象児者に知能検査を用いたアセスメントを行う場合、単独の検査では、不足するところが補えるよう、複数の検査を用いることも多い。これをテストバッテリーという。一つの検査結果のみで対象児の状態を結論するのではなく、対象児の認知特性に関する仮説を、日頃の学校や家庭でのようすや、検査中の行動観察、他の検査結果に照らし合わせて丁寧に取捨選択することが重要である。

また、知能検査ではなく「発達検査」と呼ばれるものとして、新版Ｋ式発達検査（ビネー式のように用具を用いた小問を数多く行うもので、領域別の発達のようすがプロフィールで表せる）や、津守式乳幼児精神発達診断法（大人による評定で発達のようすがわかる）がよく用いられている。

　心理検査を使用するにあたっては、検査者の責任と倫理が強く求められる。検査者が、その検査に習熟していることは勿論のこと、検査道具や検査結果の取り扱いにも留意する必要がある。無用な練習効果を避けるため、検査道具や検査課題は専門家以外の者（保護者含む）に開示してはならない。また、検査結果のフィードバックにあたっては、数値のみの報告を行い解釈を非専門家に委ねることのないよう、平易な表現で子どもの教育的ニーズにつながる報告を心がける必要がある。口頭ではなく書面で検査所見をまとめるとよい。その際、検査の記録用紙をそのまま複写・複製することは避けなければならない。また、専門家としての守秘義務に留意することも検査者の倫理として重要である。

(2)　人格・性格・健康状態に関する検査

　人格・性格・健康状態に関する検査には、質問紙法、投影法、作業法の３種類がある。投影法は個別式であるが、その他は集団式で行うことができる（松原、2002）。

1）質問紙法

　受検者が質問紙に（はい、いいえ、どちらともいえない）などで答える形式のものである。幅広い年齢層で使えるものとしては、Y‒G：矢田部・ギルフォード性格検査（抑うつ性などの情緒安定性と支配性などの向性に関する全12尺度）、MAS（児童用はCMAS）：顕在性不安検査（状況を脅威と認知し不安を感じる傾向である「特性不安」を測定）などがある。

2）投影法

　あいまいな模様、絵、文章などの刺激に対する受検者の自由な反応、あるいは描画作品から、そこに投影されていると考えられる受検者のパーソナリ

ティや、欲求や感情、意識下の世界を判断する検査である。刺激に対する反応は極めて自由度が高く、その解釈には診断者の相当な経験と技術が要求されるといわれる。反応が可能ならば幼児から成人まで適用することができる。

① 絵や図の刺激に対する言語反応を捉えるもの

ロールシャッハテスト（インクのしみによって偶然にできあがった知覚的刺激を見て、何に見えるかを語る）、P–F スタディ：絵画欲求不満テスト（登場人物2人が描かれた日常経験するような軽い欲求不満場面のイラストの吹き出し部分に思いつくセリフを書き込むまたは言う）などがある。

② 言語刺激に対する言語反応を捉えるもの

短い刺激文の書き出しに続く文章を書かせる SCT（文章完成法テスト）などがある。

③ 描画を解釈するもの

描画による検査には、HTP（家屋・樹木・人物を描出する）、動的家族描画法（自分を含めた家族を、何かをしている姿で描出する）などがある。

3）作業法

受検者に比較的単純な作業を課し、一定時間の作業量とその推移などから、そこに反映されるパーソナリティを見出す検査。内田クレペリン精神検査（1桁の数字の加算を続ける作業）などがある。

4．学級・学校のアセスメント

学校教育は、一般的には、学級を単位にして行われる。学校での、学校心理学的な介入を考える際に、対象となる子どもが在籍する学級について知ることは、大事なことである。なぜなら、学級は教師と子どもたちとで作る、複雑微妙な社会であり、そこでの働きかけは、学級の生態に即して実施されてはじめて意味をもつと思われるからである。ただし、一言で「学級について知る」と言っても、そこに含まれるものは広範である。以下に、学級理解のための代表的な方法についてみていく。

(1) ソシオメトリック・テスト

　学級のアセスメントに関しては、長い間に渡って、モレノ（Moreno, J.L.）
の創案になるソシオメトリック・テストが用いられてきた。これは、学級で
の人間関係、すなわち、学級の中に自然発生的にできる下位集団（仲良しグ
ループ）や、特別な位置にいる子どもについて知るためのツールであり、学
級での人間関係に関する指導に資するためのものとして用いられてきたもの
である。

　その具体的な実施方法は、以下の通りである。学級での席替えやグループ
作りに際して、子どもたちから、「隣の席になりたい人」、あるいは、「同じ
グループになりたい人（選択）」と「隣の席や同じグループになりたくない
人（排斥）」の名前を聞き出し、「相互に選びあっているもの者同士（相互選
択）」を手掛かりに、人のつながりを整理していくというものである。結果
を、表頭と表側に子どもたち全員の名前を書き込んで格子状に示す「ソシオ
マトリックス」、あるいは、人のつながりを線で表示する「ソシオグラム」
として整理することによって、学級内の下位集団の様子や特別な位置にいる
子ども（大勢の子から選択されている人気児、誰からも選択されない孤立児など）
の存在が一目で理解できるようになるというものである。

　データが、集団構成員の好悪の感情を元に収集されるという点（特に、排
斥を尋ねる点）については、かねてから疑問視されることはあった。近年、
人権意識の高まりに伴い、本テストを上記のようなオーソドックスな形で実
施することは難しくなってきた。だからと言って、ソシオメトリック・テス
トの全てが否定されている訳ではない。データの入手に際して、人権的な側
面についての問題点がクリアできれば、ソシオマトリックスやソシオグラム
を作成する方法は、十分生きているということは付け加えておきたい。

(2) 学級風土質問紙

　伊藤・松井（2001）は、学級のもつ個性、換言すれば、学級全体が醸し出
す独特な雰囲気を学級風土と呼び、それを測定するための尺度、学級風土質

問紙を提言している。これは、子どもたちに、学級の様子（たとえば、このクラスは心からたのしめる）やクラスメイトの様子（行事のとき、やる気のある人が多い）に関する質問を行い、5段階評定で答えさせるものである。質問紙は、「関係性」、「個人発達と目標志向性」、「組織の維持と変化」の3領域から構成され、関係性の領域は、＜学級活動への関与＞、＜生徒間の親しさ＞、＜学級内の不和＞、＜学級への満足感＞、＜自然な自己開示＞の5尺度、個人発達と目標志向性の領域は、＜学習への志向性＞の1尺度、組織の維持と変化の領域は、＜規律正しさ＞と＜学級内の公平さ＞の2尺度、全部で57項目からなっている。

　伊藤（2007）は、この質問紙の利点として、「教師が外側から見たのではわからない子ども達の主観的な感じ方を質問紙を通して明らかにできる点」を挙げ、この質問紙調査の結果を媒介とした、学級づくりに関するコンサルテーションの実践について報告している。

⑶　学級生活満足度尺度

　河村（1999）は、子どもの学校不適応、特にいじめ問題を早めにキャッチし、その防止に役立てることを視野に入れた質問紙、学級生活満足度尺度を開発した。

　この尺度は、子どもが、級友や教師から認められているかどうかを表す《承認感》に関する項目と、いじめや冷やかしを受けているか否かを表す《被侵害感・孤立感》に関する項目について、5段階（小学校は4段階）での回答を求め、この2種類の得点から、学級内の子どもたちを、承認を受け、侵害を受けていない「学校生活満足群」、その対極の「学級生活不満足群」、承認は得ているが、侵害を受けている「侵害行為認知群」、侵害は受けていないが承認を受けていない「非承認群」の4タイプに分類、図示することを通して、クラスの子どもたちの学級適応の様子を理解しようというものである。河村（2004）によれば、「学級生活満足群」に分類された子は、一次的援助ニーズのレベルにある子、「侵害行為認知群」と「非承認群」の子は、

108

二次的援助ニーズのレベルにある子、そして、「学校生活不満足群」の子は、三次的援助ニーズのレベルにある子どもということである。

⑷　子どもを見る教師の視点：教師用 RCRT

　学校現場にいる教師なら誰でも、同じ子どもを見ていても、教師によってその見え方が異なるということを体験している。その原因の一つとして、子どもを見る教師の視点が異なることが指摘できる。つまり、子どもを見る際の目のつけどころが教師によって異なること、あるいは、同じ所を見ていても、教師によってその意味づけが異なっているからである。

　近藤（1994）は、子どもを見る教師の視点について明らかにするための方法として、教師用 RCRT を提案している。これは、教師へのインタビューによってデータを得るものである。具体の手続きは他書に譲ることにして、概略のみ述べれば、教師の認知空間の中で特異な場所にいる子ども（たとえば、思い出そうとしたとき、すぐに顔と名前が浮かんでくる子どもとなかなか浮かんでこない子ども、自分とウマの合う子どもと合わない子ども等）を想定し、これらの子どもたちに対してどのような特徴づけを行うのか（たとえば、勉強ができるとか友だちが多いなど）を手掛かりに、子どもを見る際に、その教師が判断の基準としていること（子どもを見る教師の視点）を探っていこうというものである。

　学級は、教師と子どもたちとで作っていく社会であり、教師には、常に、指導者としての児童生徒理解（児童生徒の実態把握）が求められている。前述したように、教師による児童生徒理解は、必ずしも、客観的で一定のものではなく、教師によって変化するものであるとすれば、子どもを捉える教師の視点（枠組み）について明らかにすることは、大事なことと思われる。

⑸　学校享受感尺度

　以上、学級に関するアセスメントの代表的なものについて見てきた。子どもたちは毎日「登校する」が、学校における物理的・心理的な居場所は「学級」である。以上見てきたように、学級集団、学級の雰囲気、担任の先生と

の関係等、学級に関するアセスメントは、種々工夫されているのに対し、学校をアセスメントの対象にしたものはそれほど多くはない。そこで、学校に関するアセスメントを一つ紹介する。古市・玉木（1994）は、子どもたちが学校に対してどのように感じているのか、子どもたちの主観的な思いを知る目的で、「学校享受感尺度」を開発した。「私は学校へ行くのが楽しみだ」、「学校では、いやなことばかりある」、「学校がなければ毎日はつまらないと思う」等の10項目からなるテストである。学校享受感の低さは、学校に対する不適応感と結びついており、このテストをうまく利用すれば、特別な配慮を要する子どもの存在に気づき、指導に生かすことも可能である。

5．教育評価

　教育評価は、教育活動による成果を、ノートや作品、挙手や発言などの行動、ペーパーテストの結果など、様々な資料から、一定の基準に照らして判定することを通して、教育活動に対する反省と改善を行うことをいう。

⑴　指導との関連による評価の分類

　教育評価には、指導前、指導中、指導後といった実施時期による位置づけがある。診断的評価（Diagnostic Evaluation）は、指導開始前に子どものレディネスを測ることを言う。学習開始点（どこから学習を始めるか）を決定するための評価である。

　ブルームら（1973）は評価を教授学習過程の中に位置づけ、「カリキュラム作成・教授・学習の三つの過程の、あらゆる改善のために（それらの過程の中で）用いられる組織的な評価」を形成的評価（Formative Evaluation）と呼び、それに対し、ひとまとまりの教育活動が終了した時点での成果を調べる評価を総括的評価（Summative Evaluation）とした。形成的評価は、教育活動の中で生ずる種々の結果を常に捉え、一定の目標に向けて活動の内容や進め方を修正しながらよりよい成果をあげていくための評価であるから、教授―学習過程やカリキュラムへのフィードバックを目的とする。一方、総括

的評価は管理的な目的が主であるが、ひとまとまりの教育活動を総合的に振り返る機会であるから、学習者・教授者・カリキュラムへのフィードバックはやはりなされるべきである。

(2) 教育評価の方法

教育評価は、児童生徒の学習の進み具合を見ることで教師が自らの指導を振り返るために行われるものであるが、児童生徒の学習の達成状況に点数や記号をあてはめる、いわゆる評定を行うこと自体を「評価」という場合もある。その評定（評価）の方法は、拠り所を何にするかによって「絶対評価」「相対評価」に分類される。

絶対評価は、目標準拠評価（Criterion-Referenced Evaluation）や到達度評価と呼ばれている。指導目標を細かく設定し、その達成状況をあらかじめ決められた評定基準に照らして評定する。したがって、充分達成できている子どもが多ければ、相対評価の方式と異なり、成績が上位の人数が多くなる。

一方、相対評価は、学級や学年といった集団の中での相対的位置を用いて評定する方法で、集団準拠評価（Norum-Referenced Evaluation）とも呼ばれる。クラスの中で成績の順位が決まった場合、上位7％が5、次の24％が4、というように、通知票に成績をつけることなどがこの方式である。2002年実施の学習指導要領改訂以前は相対評価により通知票をつける学校が多かったが、その後は絶対評価が中心である。

また、これらの評価方法に加えて、一人ひとりの子どもの中での進歩や偏りを評価する「個人内評価」も並行して行うことも重要である。以前の状況と比べることを縦断的個人内評価、他の面と比べることを横断的個人内評価という。

(3) 学力検査

学力検査には、教師自作テスト、市販テスト、標準化学力検査などがある。このうち、標準化学力検査には、NRT（集団準拠テスト：相対評価の方式）とCRT（目標準拠テスト：絶対評価の方式）がある（石田、2002）。NRT では、学

力偏差値（50が全国平均と同じ水準）がわかる。学力偏差値は、テストの平均点の高低によらず正規化されるため、集団式知能検査から出される知能偏差値と比較することができる。具体的には次の式で示される成就値についてプラス方向が大きければオーバーアチーバー（知能偏差値から期待されるよりも学力が高い）、マイナス方向が大きければ、アンダーアチーバー（知能偏差値から期待されるよりも学力が低い）となり、学力不振の原因を探る必要があるというわけである。

　　成就値＝学力偏差値−知能偏差値

　CRT では、観点別の達成度に応じて「概ね満足」「努力を要する」などの段階に分かれ、どの観点について指導を追加する必要があるかなどの目安になる。しかし、学力偏差値の算出ができないため、知能検査との比較は難しい。

　なお、LD など、学習に著しい困難のある子どもに対しては、個別式知能検査と読み書きや算数に関する診断的評価が可能な学力検査を用いることが外国ではよくなされているが、日本にはそのような学力検査が今までなかった。しかし、2013年に発刊された日本版 KABC-II では、認知検査と習得検査に分かれており、習得検査では、「語彙尺度」「読み尺度」「書き尺度」「算数尺度」が算出される（藤田ら、2011）ため、知能水準と学力を詳しく比較することができ、期待されるところである。

6．引用文献

Bloom, B.S., Hasting, J.T., and Madaus, G.F.　梶田・渋谷・藤田（訳）
　1973　教育評価法ハンドブック　第一法規　pp. 162.
藤田和弘・石隈利紀・青山真二・服部環・熊谷恵子・小野純平　2011　日本
　版 KABC-II の理論的背景と尺度の構成　K-ABC アセスメント研究
　13，89-97.
石田恒好　2002　評価を上手に生かす先生［平成十四年版］　図書文化社

pp. 115-122.

石隈利紀　1999　学校心理学―教師・スクールカウンセラー・保護者のチームによる心理教育的援助サービス―　誠信書房

伊藤亜矢子　2007　学校臨床心理学―学校という場を生かした支援―　北樹出版

伊藤亜矢子・松井仁　2001　学級風土質問紙の作成　教育心理学研究　49(4)，449-457.

河村茂雄　1999　生徒の援助ニーズを把握するための尺度の開発(1)―学級生活満足度尺度（中学生用）の作成　カウンセリング研究　32(3)，274-282.

河村茂雄　2004　学級のアセスメント　学会連合資格「学校心理士」認定運営機構（企画・監修）　石隈利紀・玉瀬耕治・緒方明子・永松裕希（編）　講座「学校心理士―理論と実践」2　学校心理士による心理教育的援助サービス　北大路書房　pp. 46-58.

古市裕一・玉木弘之　1994　学校の楽しさとその規定要因　岡山大学教育学部研究集録　96，105-113.

近藤邦夫　1994　教師と子どもの関係づくり―学校の臨床心理学―　東京大学出版会

松原達哉（編著）　2002　第4版心理テスト法入門　日本文化科学社

7．参考図書

上里一郎（監修）　2001　心理アセスメントハンドブック　西村書店
　　知能に関するアセスメント、パーソナリティに関するアセスメント、状態・症状に関するアセスメント、神経心理学的アセスメント、行動論的アセスメント、生活環境に関するアセスメントの6部構成で汎用的な検査等の活用法について解説している。

河村茂雄（監修）　2013　集団の発達を促す学級経営（小学校低学年）　図書文化

河村茂雄（監修）　2012　集団の発達を促す学級経営（小学校高学年）　図書
文化

　　小学校の学級の状況を「学校生活意欲尺度」と「学級生活満足度尺度」
により把握し、学級経営の方針の策定と個別指導のヒントをうることがで
きる解説と事例が掲載されている（低学年用、中学年用、高学年用の３冊
がある）。

河村茂雄（監修）　2012　集団の発達を促す学級経営（中学校）　図書文化

　　中学校の学級の状況を「学校生活意欲尺度」と「学級生活満足度尺度」
により把握し、学級経営の方針の策定と個別指導のヒントをうることがで
きる解説と事例が掲載されている。

小野純平・小林玄・原伸生・東原文子・星井純子（編著）　2017　日本版
KABC-IIによる解釈の進め方と実践事例　丸善出版

　　児童生徒の困難さについて認知能力と学力の双方向からアセスメントが
可能なKABC-IIについて基礎的な知識と事例解釈、報告書の書き方等に
ついてまとめられている。

高橋三郎（監訳）　2015　DSM-5診断面接ポケットマニュアル　医学書院

　　米国の精神医学会で使用している精神疾患に関する診断基準がDSM-5
である。そのDSM-5に即した精神科面接の進め方を平易に解説している。
30分間面接の進め方やクライエントへの具体的な質問例を掲載している。

上野一彦・松田修・小林玄・木下智子　2015　日本版WISC-IVによる発達
障害のアセスメント―代表的な指標パターンの解釈と事例紹介―　日本文化
科学社

　　学校教育相談でよく活用される検査であるWISC-IVの基礎的な知識と
代表的なパターンごとの事例解釈についてまとめられている。

■課題とキーワード（＊）

⑴　心理教育的アセスメントとは

学校心理学における心理教育的アセスメントの目的とプロセスを理解している。

＊アセスメントにもとづく支援、アセスメント計画、生態学的アセスメント、アセスメントにおける倫理

⑵　心理教育的アセスメントの方法

　アセスメントの方法について、観察・面接等を含めて、幅広く理解し活用できる。

＊行動観察、子どもの面接、心理検査、関係者との面接、記録・書類の検討

⑶　心理検査の活用

　基本的な心理検査について理解し、活用できるとともに、各検査等の限界や問題点についても理解している。

＊知能検査、WISC‒Ⅳ、KABC‒Ⅱ、DN‒CAS、田中ビネーⅤ、新版Ｋ式発達検査、学力検査、人格検査、心理検査バッテリー

⑷　学級・学校のアセスメント

　学級・学校の状況について、その課題に焦点を当てて、資源を含めた実態の把握と分析ができる。

＊校内組織や援助資源の把握、学級風土の把握、学級の人間関係の把握

⑸　教育評価

　児童生徒の状況や指導・援助の状況を把握し、教育の改善について検討できる。

＊診断的評価、形成的評価、総括的評価、相対評価、絶対評価、個人内評価

第 8 章　学校カウンセリング・コンサルテーション

1．学校カウンセリング・コンサルテーションとは

⑴　学校で使えるカウンセリング

　カウンセリングにしてもコンサルテーションにしても、学校で日常的に使えるものでなければあまり意味がない。特に2011年の東日本大震災被災地における子どもや保護者の方々、先生方への支援では、学校の日常性に立脚した自己回復力（リジリエンス resilience）に焦点を当てることが大事であった（日本学校心理士会、2011）。また、2016年の熊本地震においても同様であった。そのためには基本的な視点や性格付け、工夫等について 3 点に整理しておく。先ず狭義のカウンセリングから考えてみる（大野、2004）。

　第一に、学校や学級・ホームルール、教師（教諭・養護教諭・常勤講師等）というあり方や職務・職責（その根底にある構造や論理、職業倫理）に少なくとも親和的なものでなければ使い物にならない。各学校・教師は新しい視点から現状に即して対処方略を工夫していくことができる。この意味では、カウンセリングマインドという抽象的な考え方も、心理臨床の技法も（もし面接室での一対一の長時間・複数回面談が中心となるならば）、使い勝手が悪すぎるように思われる。

　第二に、学校の中での三つの人間関係（児童生徒―教師、子ども―大人、生活者同士）を基盤とするものでなければならない（大野、1997a）。

　カウンセリングがこれら三つの人間関係にコミットするためには、いつも安定した援助者としての「カウンセラー」と不安定な被援助者である「クライエント（カウンセリー）」との心理臨床上の専門的関わりという旧来からのカウンセリング・イメージを脱却し、マイクロ・カウンセリング等に見られるヘルパー・ヘルピー・ヘルピングといった相互互換的で互助・互恵な援助を、学校という日常生活の中で具体的に模索すべきである。

第三に、各援助場面のその時・その場で、ある程度は実効性・即効性のある対処ができなくてはなるまい（大野、1997b）。せっぱ詰まってギリギリのところでは、少なくとも「上手い」（スキルレベル）、「時間稼ぎやその場しのぎ」（効果的な危機介入）ができなければ、何のための心理教育的援助サービスなのかわからない。これからもプロセスとして援助を継続していくために、長期的・全体的・日常的な援助システムを見通し、その端緒になっていることが必要である。

(2)　学校で使えるコンサルテーション

　学校におけるカウンセリングも含めて、カウンセリングが、個人の健康で正常な部分やその人の強さや資質に焦点を当て、比較的短期間の介入や人と環境との相互作用、そして教育・キャリアの発達・環境を重視するものならば、コンサルテーションというスキルあるいは方法（考え方・理念も含む）こそ、こうしたカウンセリングのあらゆる重要な役割を統合したものと見なすことができる（Gelso & Fretz, 2001, p. 632；清水訳、2007、p. 595.）。

　何故ならば、こうしたことを可能にするのは、個々の被援助者への直接的な援助方法としての狭義のカウンセリングではなく、チーム援助を中核とする相互コンサルテーション以外にあり得ないからである。

　ただし学校という場で使えるようにさまざまな視点から工夫しなければならない。3点に整理しておく（大野、2004）。

　第一に、長期的あるいは根本的にはいろいろと考えうるにしても、短時間で、今この状況下で次の対応策を絞り出さなければならない。となれば、当面は今ある（顕在的なものばかりではなく、潜在的なものも含む）すべての積極的・肯定的・推進的な援助資源を総動員し、構成する以外にない。

　第二に、「私だったら（得意でよくわかっている分野）」こうするという発想ではなく、「その先生だったら」どうするかが中心になる。対象となる子ども等の課題状況について知るばかりではなく、この課題解決におけるその先生のさまざまな状況も可能な限り把握することが極めて重要である。

第三に、方向性さえ間違わなければ、当面残念な思いを持ちつつ、例えば一歩でも半歩でも進めばよしとする気構えが必要である。これがコンサルテーションの強みや本質でもあり、その課題や限界でもあるように思われる。

2．カウンセリング
⑴　カウンセリングとは
　カウンセリングは、学校心理学はもとより、他の心理学やさまざまな対人援助領域（教育、医療・保健、福祉、産業、司法など）で活用されているばかりか、日常用語としても幅広く用いられている。
　國分（1979）は、カウンセリングを「言語的および非言語的コミュニケーションを通して、行動の変容を試みる人間関係」と定義している。
　一方、諸富（2010a）は広狭二義を提示している。学校心理学と関連性が深いと思われる広義の定義として、「個人や集団を対象として、一人ひとりの気づきと学び、自己成長のプロセスを支えていく、あるときは開発的（成長促進的）な、またあるときは予防的な、またあるときは問題解決的（治療的）な、援助的な人間関係にもとづく活動」と述べている。
　石隈（1999）は学校心理学の立場から、カウンセリングについて3段階の定義を提唱している。まず、狭義としては、「カウンセラーあるいはそれに準じる専門家による、人間の問題解決の援助をめざした活動」であり、その代表的なものが面接であるとする。やや狭義の定義としては、「人間の問題解決を援助する直接的な関わり」であるとし、「学校教育におけるカウンセリングは、教師やカウンセラーによる、子どもへの直接的な援助的関わり」であるとしている。広義としては、「人間が生活する過程で出会うさまざまな問題の解決を援助するサービスおよびそのシステムをさす」とし、学校におけるカウンセリングを心理教育的援助サービスと同義としている。
　学校心理学においては、カウンセリングは石隈の指摘するやや狭義の意味、すなわち、心理教育的援助サービスの中の直接的な援助サービスと理解され

ることが多い。

(2) コミュニケーションへの焦点

國分（1979）の定義には、カウンセリングの本質が見事に表現されていると考えられる。以下に、学校教育との比較で検討したい。

学校教育もカウンセリングも、コミュニケーションをその重要なツールとしていることは言うまでもない。しかし、学校教育で扱われるコミュニケーションとは、言語的コミュニケーションである。また、学校教育、特に学習指導においては、コミュニケーション以外に教材が重要なツールとなる。

一方、カウンセリングでは、非言語的側面まで含めたコミュニケーション自体がもっとも重要なツールとなる。そして、その中心は傾聴である。それ以外のツール（例：絵画、ワークシートなど）が用いられることもあるが、あくまでもコミュニケーションを補完する手段として用いられるに過ぎない。したがって、カウンセリングにおいては、コミュニケーションのプロセスに多大な関心が払われることになる。

吉本（2000）は、カウンセリングの本質は「援助的コミュニケーション」にあるとし、援助者と被援助者との間に確かなコミュニケーションが築かれていない限り、どんな専門的な働きかけも効果をもたらさないとしている。学校心理士や教師をはじめとする援助者は、「ほんものの傾聴」（非言語面のみならず、身体感覚（フェルトセンス）にまで焦点を当てる傾聴）（諸富、2010b）をはじめとするコミュニケーションのスキルの向上に力を注ぐべきであろう。最近のマインドフルネスなども同様の方向性を持つものであろう。

(3) 人間関係の重視

カウンセリングの定義として、國分（1979）と諸富（2010a）がともに強調するのが「人間関係」である。これに関して、石隈（1999、2004）は、ムスターカス（Moustakas, C.）を参考に、カウンセリングにおける3種類の人間関係のあり方を提唱している。

① Being-In：理解者として分かる

Being-In Your World、つまり、「援助者が子どもの世界に入る（入れてもらう）」という意味であり、子どもの内的世界から共感的に理解する人間関係である。

② Being-For：味方として支える

Being-For You、つまり、「援助者が子どもの味方となる」という意味であり、子どもとともに困難な状況に立ち向かう人間関係である。

③ Being-With：人間として共に生きる

Being-With You、つまり、「一人の人間として共に生きる」ことであり、自己開示、自己主張、対決などをためらわない人間関係である。

(4) 心理教育的集団技法の活用

諸富（2010a）の定義の中に「個人や集団を対象として」とあるように、特に学校カウンセリングにおいては、学級をはじめとする集団を対象としたさまざまな心理教育的アプローチが提唱されている。具体的には、構成的グループエンカウンター、ソーシャルスキル教育、ピアサポート、グループワークトレーニング、対人関係ゲーム、アサーション、アンガーマネジメント、ストレスマネジメント教育、プロジェクトアドベンチャーなどである。

それらは、目的やねらいが異なるものの、多くの場合、集団内における子どもたち同士の良好な人間関係の育成という、一次的援助サービスの一環として実施されることが多い。また、それらの中心となる具体的な課題（エクササイズ、ワーク、プログラム、アクティビティー）にも、共通するものが多い。

学校心理学は、直接的援助に関しては、これまではどちらかと言えば個人に対するアセスメントと支援を中心に研究や実践が積み重ねられてきたように思われる。その点、発達障害のある子どもへの個別支援を重視する特別支援教育とは相性が良かった。しかし、最近は、発達障害のある子どもであっても、学級集団全体の中で支援していくことの重要性が指摘されるようになってきた。「安心できる学級づくりが、"気になる子"の問題解決のための近

道」(赤坂、2011) なのであり、「『特別な支援』を特別にしない学級経営」
(河村、2005)、「特別でない特別支援教育」が求められているのである。それ
はつまり、学校全体で取り組むユニバーサルデザインに基づく学級・学校づ
くりということである。

　これからの学校心理士には、望ましい学級集団づくりを行うためのカウン
セリングを活かした心理教育的集団技法の修得と活用が望まれる。

3．コンサルテーション

⑴　コンサルテーションとは

　コンサルテーションは、「子どもの理解や援助に関する援助者の課題に対
する援助（子どもへの間接的援助）」であり、狭義では「異なる専門家同士が
集まり協同でクライエントの援助にあたる活動（石隈、1999）」と定義されて
いる。つまり、コンサルテーションは、コンサルタント（助言者）の提案の
中からコンサルティ（助言を受ける者）が自ら案を選択し、コンサルティの責
任でその案を子どもに実行していく過程である（Caplan、1961）。子どもの自
助資源や子どもをとりまく援助資源を活用し、援助者（教師等）の持ち味を
生かせるようなコンサルテーションが学校心理士には求められている。

⑵　コンサルテーションの三つのタイプ

　学校心理士が行うコンサルテーションには、問題解決型コンサルテーショ
ン、研修型コンサルテーション、システム介入型コンサルテーションの3タ
イプがある（例えば、石隈、1999；松浦、2009）。

　　①　問題解決型コンサルテーション：異なる専門家や役割を持つ者同士の
　　　「作戦会議」である。学校心理士（コンサルタント）が学校心理学の専門
　　　家の立場から、教師や保護者、地域の援助者（コンサルティ）が子ども
　　　の発達や問題解決を効果的に援助できるよう働きかける。個別の援助チー
　　　ムでの活動は問題解決型コンサルテーションの代表例である。

　　②　研修型コンサルテーション：教師・保護者のための研修会を行うもの

で、外部から講師を招いたり、コンサルタント自身が講師になったりする（石隈、1999）。事例を検討するコーディネーション委員会（家近・石隈、2007）は、研修型のコンサルテーションの代表例である。コーディネーション委員会の構成員は、スクールカウンセラー、教育相談担当、特別支援教育コーディネーター、スクールソーシャルワーカー、養護教諭など心理教育的援助サービスの専門家と管理職、学年主任などである。コーディネーション委員会は、生徒指導委員会、特別支援教育校内委員会など学校により呼び名は様々であり、複数の子どもや援助を必要とするケースをとりあげ、情報、援助資源、援助サービスのコーディネーションを行う（藤崎・木原、2005；家近・石隈、2007など）。

③　システム介入型コンサルテーション：子どもへの援助システムの改善を主な目的として学校組織が援助対象となるものである。運営委員会や企画委員会などが該当する。委員会の構成メンバーには、管理職、生徒指導主事、教育相談部長、保健主事、学年主任の他に、特別支援教育コーディネーターやスクールカウンセラー、スクールソーシャルワーカーなど援助サービスの専門家が含まれることが望ましい。特別な配慮が必要な子どもに対しては、心理面の援助とともに場所や時間を構造化するなど環境調整を行うことが多い。

(3)　相互コンサルテーションとは

　相互コンサルテーションは、「異なった専門性や役割をもつ者同士がそれぞれの専門性や役割に基づき、援助の対象である子どもの状況について検討し、今後の援助方針について話し合う作戦会議であり、コンサルタントとコンサルティの関係は一方向だけではなく、相互にもなり得る関係をさす」と定義されている（石隈・田村、2003）。たとえば、相互コンサルテーションでは、スクールカウンセラーがコンサルタントとなって教師や保護者に援助案を提案したり、スクールカウンセラーがコンサルティとなって教師や保護者からの提案を受け入れその提案をもとに子どもと直接関わったりする。相互

コンサルテーションは、おもに問題解決型コンサルテーションの中で行われるが、研修型コンサルテーションであるコーディネーション委員会や、システム介入型コンサルテーションの中でも行われる（八並、2003；平岡、2005；家近・石隈、2007；竹内、2008など）。

⑷　保護者とのパートナーシップ

　援助チームでは、保護者を援助チームのパートナーとして位置づけ保護者の意見も尊重する。パートナーとは援助者の一員として、援助チームのメンバーと対等に話し合い、援助チームの活動を協働して行う者をいう。保護者が対等性を確保するためには、カウンセリングニーズに応じ、保護者の親としての自信を回復する手助けをする。自信が回復したら子どもに何をどうしたらいいのかのコンサルテーションニーズに応じる。この時には保護者の個人的な問題にはふれずに相互コンサルテーションへの基盤につながるように、親の役割に焦点を当てたカウンセリングを行うことが重要である（田村、2009）。保護者をパートナーとすることで、多面的なアセスメントを行うことができ、援助方針や援助案について同意を得ながら援助を進めていくことができる。さらに、メンバー全員が何を今行っているのか共通理解できる。このことは、「親・援助者間ギャップ（田村、2008）」を防ぐというメリットがある。「親・援助者間ギャップ」とは、保護者が心理的に揺れている時期は、教師やスクールカウンセラーらが行う子どもへの援助活動の成果を保護者は認識しにくいため、子どもの変化から援助が進んでいることを判断する援助者側の認識との間にずれが生じることをさす。

⑸　援助チームシートと援助資源チェックシート

　子どもの情報を整理し援助案を作成するためのツールとして、援助チームシートと援助資源チェックシートがある。この二つのシートは、コンサルテーションや相互コンサルテーションにおいても活用でき心理教育的援助サービスが円滑に進むことを助ける。

　援助チームシート（援助案を作成するためのシート）：学習面などの4領域の

アセスメント（情報収集とまとめ）や援助方針の決定、援助案の作成や役割分担を一つの表の中で行うシートである。その際、誰が、いつからいつまで、その子のために何を行うかが明確になされることを目的とする。

　援助資源チェックシート（援助資源発見のためのシート）：子どもの援助ニーズを満たすために必要な「子どもの問題解決に援助的な機能をもつ人的資源や物的資源（石隈、1999）」を発見し活用することを目的とする。

４．コーディネーション
⑴　コーディネーションとは

　コーディネーションは、コンサルテーションと並んで、学校心理士が携わる間接的援助の代表的なものである。

　瀬戸・石隈（2002）は、心理教育的援助サービスとしてのコーディネーションを、「学校内外の援助資源を調整しながらチームを形成し、援助チームおよびシステムレベルで、援助活動を調整するプロセス」と定義している。

　瀬戸（2004）によれば、学校におけるコーディネーションには、援助チームレベルのコーディネーションと、学校全体の援助サービスを支えるシステムレベルのコーディネーションが存在するという。瀬戸は、援助チームレベルのコーディネーション行動（中・高の場合。小学校はやや構造が異なる）として、①アセスメント・判断、②保護者・担任連携、③説明・調整、④専門家連携が、また、システムレベルのコーディネーション行動（学校種を問わない）として、①マネジメント促進、②広報活動、③情報収集、④ネットワークの構築が存在することを明らかにしている。

⑵　コーディネーション委員会

　学校における心理教育的援助サービスが有効に機能するためのシステムとして、学校心理学では三層のシステム（マネジメント委員会、コーディネーション委員会、個別の援助チーム）を提唱している（石隈、2018）。その中でコーディネーション委員会とは、「児童生徒の問題状況に関する援助サービスにつ

いての情報をまとめ、学校内外の援助資源の調整・連携をし、学校における援助サービスの充実を図る委員会」であり、「援助サービスのシステムにおいて、チーム援助とマネジメントの中間に位置し、コンサルテーションおよび相互コンサルテーションを行いながら学校全体や学年との連絡や調整を行ない、従来の援助サービスを活性化する委員会」（家近・石隈、2003；家近、2004）である。具体的には、生徒指導部会、教育相談委員会、学年会などがそれにあたる。

　コーディネーション委員会には、①コンサルテーションおよび相互コンサルテーション、②学年、学校レベルの連絡・調整、③個別のチーム援助の促進、④マネジメントの促進という四つの機能が存在する（家近・石隈、2003）。そして、この常設されたフォーマルな委員会によるチーム援助は日本の学校の特徴であり、そこに管理職が参加することで、マネジメント促進の機能をもつ（家近・石隈、2003）。このコーディネーション委員会の充実こそが、チーム学校の充実の鍵を握るものであり、課題でもある（石隈、2018）。

(3)　コーディネーターに求められる資質

　瀬戸・石隈（2002、2003）によれば、コーディネーション行動には、①集められた情報から状況を適切に判断する能力、②判断の妥当性を検討するための専門的知識、③判断に基づいて他のチームメンバーやシステム全体に働きかける役割権限と援助チームを形成する能力、④円滑な人間関係を築きながら問題解決を進めるための話し合い能力が関係しているという。

　これらのうち、「援助チームを形成する能力」や「話し合い能力」は、一般にイメージされる心理学の専門家としての能力（たとえば、発達障害に関する知識、知能検査を用いたアセスメントのスキル、高度なカウンセリングのテクニックなど）とはやや性格を異にするものであるように思われる。

　これに関して、国立特別支援教育総合研究所は、特別支援教育コーディネーターに求められる知識・技能として、カウンセリングマインド、アセスメントの知識や技能とともに、ファシリテーションの三つを挙げている（松村、

2006a)。また、「特別支援教育コーディネーター養成研修マニュアル」は、ファシリテーションの講義と演習に高い比重を置いた内容となっている（松村、2006b）。

　ここでのファシリテーションは、瀬戸・石隈（2002、2003）の指摘する「援助チームを形成する能力」「話し合い能力」とほぼ同義と考えてよいであろう。つまり、ファシリテーションの能力こそ、学校心理学の中でも特にコーディネーションに求められる専門性であると考えられる。

⑷　ファシリテーションとしてのコーディネーション

　ファシリテーションは、従来、ロジャーズ（Rogers, C.R.）によるエンカウンターグループにおいて、グループのプロセスを促進するファシリテーターの役割として用いられる概念であった。近年は、組織変革、まちづくり、教育研修、市民活動、芸術などさまざまな領域で、「集団による知的相互作用を促進する働き」（堀、2004）として用いられている。

　堀（2004）は、ファシリテーションにおける四つの基本的スキルとして、①場のデザインのスキル（場をつくり、つなげる）、②対人関係のスキル（受け止め、引き出す）、③構造化のスキル（かみ合わせ、整理する）、④合意形成のスキル（まとめて、分かち合う）があるという。②以外は、これまでは必ずしも学校心理士の専門性として検討されてこなかったものであろう。

　一方、中野（2009）は、「ファシリテーションを支える３つの根っこ」として、以下を挙げている。

① 　メタスキル（スキルを超えたスキル；ファシリテーターの基本的な姿勢や態度）

　　ａ．「ファシリテーターの人や場に対する基本的な姿勢や態度が、実は参加者に大きな影響を与えている」という意識

　　ｂ．自分の中に起こっている感じや感情に敏感になること

　　ｃ．時と場合に応じて、まったく違うアプローチを使い分けること

② 　事前の準備：ａ．プログラムデザイン、ｂ．対象者の理解、ｃ．場のデザイン

③　志

　これらはいずれも、学校心理士としてのコーディネーションに通じるものであると思われる。コーディネーションに携わる学校心理士には、ファシリテーターとしての資質とスキルが求められると言えよう。

5．学校カウンセリング・コンサルテーションの実践上の諸問題

　学校心理士が行う心理教育的援助サービスは、心理教育的アセスメントとカウンセリング、コンサルテーションを柱に、子どもや援助者の自助資源や援助資源を活用しながら進められる。

⑴　学校カウンセリングの実践上の諸問題と留意点

① 　日常の場で行われるカウンセリング

　学校外にある相談機関では、プライバシーが保たれた非日常の世界が保証されている。しかし、学校の中に設置されている相談室は、子ども達が生活している場所にある。チャイムの音、運動場の歓声、給食の臭いなど、否が応でも学校を意識させられる環境の中にある。また、他の相談機関では自分のことを知らない人がカウンセラーであり、気兼ねなく自分の気持ちを吐露することができる。教師がカウンセラーの場合には、良くも悪くも自分を知っている人がカウンセラーとなる。話しやすい場合もあれば子どもや保護者が抵抗を感じる場合もある。このような物的人的環境の中でカウンセリングを行うことを理解し、プライバシーの保護には最大限の配慮を行う必要がある。

② 　カウンセラーと教師の二重役割

　多くの学校心理士は教師とカウンセラーの二つの役割をもっている。教師と生徒は「教える者と教えられる者」の縦の関係である。カウンセラーとクライエントは「受容する者と受容される者」の横や斜めの関係となる。教師はこの二つの役割を意識して切り替える必要がある。切り替えがうまくいかないとカウンセリングでのやりとりが説諭や指導になったり、反対に現実原

則に生徒を従わせることに躊躇したりすることがある。その結果、他の生徒や教師仲間の反感を買うこともある。学校カウンセリングでは、この二重役割の切り替えを常に意識する必要がある。

　なお、この二重役割の問題は、心理におけるいわゆる多重関係の問題に重なるものである。今後、公認心理師資格をもつ教員が出てくることも予想される中で改めて慎重な検討が加えられる必要があろう。

③　課題解決につなげるカウンセリング

　子どもの生活の場で行う学校カウンセリングでは、個人的な問題を深く掘り下げない配慮が必要である。特に思春期前後の子どもは心も体も不安定である。子ども自身が気づいていないことまで気づかせてしまうと不安定になる場合がある。たとえば、心の奥底にしまっていた過去の嫌な経験を語らせた結果、子どもが著しく不安定になるなどである。学校カウンセリングでは、辛い心情等を十分聞いて受容し、学校生活における課題解決につながるように援助することが求められる。

(2)　コンサルテーションの実践上の諸問題と留意点

①　援助チーム

　学校心理士は学習面、心理・社会面、進路面、および健康面の4領域に関わる諸問題について援助するための知識・技能を習得していることが求められている。しかし、コンサルテーションを行う際すべての学校心理士が子どもの4領域や発達障害がある子どもに関する専門知識やスキルをもっているわけではない。学校心理学には援助チームの概念があり、複数のメンバーが集まって相互にコンサルテーションを行うことで、子どもの4領域や発達障害がある子どもについて専門的な援助を行うことができる。この場合、援助者同士をつなぐコーディネーターの活動が成功の鍵を握ることになる。

②　援助案の提示と共有

　コンサルテーションでは、コンサルティが援助の結果に責任をもつ。相互コンサルテーションでは援助した結果について全員が責任をもつ。したがっ

て、コンサルテーションや相互コンサルテーションでは、援助案を提示する際に援助者や保護者が実現可能な援助案を提案することが学校心理士に求められる。提案された内容に対し、実現が難しいと判断したら援助者や保護者が「それはちょっとまだできません」などと拒否できるような信頼関係を日頃、構築しておく必要がある。また、水野（2011）は教師もチーム援助への抵抗感をもっているため、チーム援助会議の場で担任の気持ちや養護教諭、生徒指導主事の立場に気を配る必要性について述べている。このように、保護者や教師の心情に留意しつつ援助案を決定し、共有することが重要である。

③　学校システムへの介入

　学校心理学では、子どもへの心理教育的援助サービスは、子どもの発達や成長を促進することを目的とする。したがって、家族や子どもの病理に焦点を当てるのではなく、個人と環境あるいはその課題との折り合い（田上、1999）の解決を目指す。そのためには、コンサルテーション等を通じて学校システム全体に介入する必要が出てくる。相談システムの構築や整備、他機関や校内の援助者同士のネットワーク作りなどを行うために学校心理士は学校システムへ介入する。しかし、十分なアセスメントを行い、管理職や学級担任等の主体性を尊重しつつあせらず無理をせずに介入することも重要である。その点で、管理職や主幹教諭、各分掌主任等で構成されるマネジメント委員会（企画委員会や運営委員会等）に学校心理士がかかわることが重要である。学校心理士資格申請の類型5学校管理職または教育行政職の従事者対象は、そのためのものと言うこともできる。

④　心理教育的援助サービスのプロモーション

　心理教育的援助サービスには、核になって活動を推進するキーパーソンが必要である。大野（1997）は、①カウンセリングの計画立案（年間計画や予算案の作成等）や現状の分析と将来像についての的確な判断、②校内研修会、事例研究会等の企画・運営、③文献等の情報提供、④広報・調査・研究などのプロモーションが必要であると述べている。これらのことは子どもや保護

者、地域のニーズを把握することを可能にし、キーパーソンの異動による中断も防ぐことができるとしている。そのキーパーソンとして教育相談コーディネーターの必要性が言われている。

⑤　倫理上の問題

　学校においても発達障害や子どものうつ病などの理解も進んできた。しかし、学校心理士などカウンセラーが診断することは禁忌であり倫理上問題となる。鑑別診断を行い診断名をつける行為は医師にしか認められていない行為である。学校心理士は、常に原点に立ち返り、子どもや保護者の援助ニーズに焦点をあて、「子どもにとって必要なことは何か」を中心課題として関わる姿勢が重要である。

6．引用文献

赤坂真二　2011　「気になる子」のクラスがまとまる方法！　学陽書房

Caplan, G. 1961 An approach to community mental health. New York: Grune & Stratton.（キャプラン G.　山本和郎（訳）　加藤正明（監）1968　地域精神衛生の理論と実際　医学書院）

Charles Gelso & Bruce Fretz 2001 Counseling Psychology 2nd ed. Belmont, CA: Thomson Wadsworth（清水里美（訳）　カウンセリング心理学　2007　ブレーン出版）

藤崎春代・木原久美子　2005　統合保育を支援する研修型コンサルテーション―保育者と心理の専門家の協働による互恵的研修―　教育心理学研究53，133-145．

平岡永子　2005　小学校における相互コンサルテーションの実際―不登校女児をめぐる援助チームの形成とその展開　臨床教育心理学研究　31，23-27．

堀公俊　2004　ファシリテーション入門　日本経済新聞社

家近早苗　2004　コーディネーション委員会の方法　学会連合資格「学校心

理士」認定運営機構（企画・監修）　石隈利紀・玉瀬耕治・緒方明子・永松裕希（編）　講座「学校心理士―理論と実践」2　学校心理士による心理教育的援助サービス　北大路書房　pp. 126-136.

家近早苗・石隈利紀　2003　中学校における援助サービスのコーディネーション委員会に関する研究　教育心理学研究　51，230-238.

家近早苗・石隈利紀　2007　中学校のコーディネーション委員会のコンサルテーションおよび相互コンサルテーション機能の研究―参加教師の体験から―　教育心理学研究　55，82-92.

石隈利紀　1999　学校心理学―教師・スクールカウンセラー・保護者のチームによる心理教育的援助サービス―　誠信書房

石隈利紀　2004　カウンセリング　福沢周亮・石隈利紀・小野瀬雅人（責任編集）　日本学校心理学会（編）　学校心理学ハンドブック　教育出版　pp. 88-89.

石隈利紀・田村節子　2003　石隈・田村式援助シートによる援助チーム入門　図書文化

石隈利紀　2018　日本の学校心理学　大野精一・藤原忠雄（編著）　学校教育相談の理論と実践　あいり出版　pp. 59-72.

河村茂雄（編著）　2005　ここがポイント学級担任の特別支援教育　教室で行う特別支援教育1　図書文化社

國分康孝　1979　カウンセリングの技法　誠信書房

松原弘治・宇野宏幸・小谷裕実　2003　実践報告 援助チームの相互コンサルテーションプロセスにおける保護者の役割　LD研究　12，204-213.

松村勘由（研究代表）　2006a　特別支援教育コーディネーター実践ガイド　独立行政法人国立特殊教育総合研究所

松村勘由（研究代表）　2006b　特別支援教育コーディネーター養成研修マニュアル―養成研修の企画立案者用―　独立行政法人国立特殊教育総合研究所

松浦宏　2009　学校心理学・学校心理士の役割　日本学校心理士会年報　1，3-10.

水野治久　2011　教師を支え、学校を変えるチーム援助　児童心理　55(3)，1-10.

諸富祥彦　2010a　カウンセリングとは何か　はじめてのカウンセリング入門・上　誠信書房

諸富祥彦　2010b　ほんものの傾聴を学ぶ　はじめてのカウンセリング入門・下　誠信書房

中野民夫　2009　ファシリテーションのこころ　中野民夫・森雅浩・鈴木まり子・冨岡武・大枝奈美　ファシリテーション　岩波書店　pp. 159-189.

日本学校心理士会「東日本大震災子ども・学校支援チーム」　2011　震災に関する子どもや学校のサポート―教師・保護者へのヒント―

大野精一　1997a　学校教育相談―具体化の試み　ほんの森出版

大野精一　1997b　学校教育相談―理論化の試み　ほんの森出版

大野精一　2004　学校で使えるカウンセリング　学校におけるコンサルテーション　日本学校心理学会（編）　学校心理学ハンドブック―「学校の力」の発見―　教育出版　p. 111, p. 146.

学校心理士資格認定委員会　2010　『学校心理士資格』取得のための大学院における関連科目（履修内容）新基準

瀬戸美奈子　2004　コーディネーション行動　学会連合資格「学校心理士」認定運営機構（企画・監修）　石隈利紀・玉瀬耕治・緒方明子・永松裕希（編）　講座「学校心理士―理論と実践」2　学校心理士による心理教育的援助サービス　北大路書房　pp. 114-125.

瀬戸美奈子・石隈利紀　2002　高校におけるチーム援助に関するコーディネーション行動とその基盤となる能力および権限の研究　教育心理学研究　50，204-214.

瀬戸美奈子・石隈利紀　2003　中学校におけるチーム援助に関するコーディ

ネーション行動とその基盤となる能力および権限の研究　教育心理学研究
51，378-389．

田上不二夫　1999　実践スクール・カウンセリング—学級担任ができる不登
校児童・生徒への援助—　金子書房

竹内健司　2008　担任・保護者と連携する相互コンサルテーションの試み—
通常学級に学ぶ発達障害児を支援する取り組みとして　特別支援教育コー
ディネーター研究　4，13-19．

田村節子・石隈利紀　2003　教師・保護者・スクールカウンセラーによるコ
ア援助チームの形成と展開—援助者としての保護者に焦点を当てて—　教
育心理学研究　51，328-338．

田村節子　2008　保護者が援助チームのパートナーとなるためには、援助チ
ームメンバーのどのような関わりが有効か　学校心理学研究　8，13-27．

田村節子　2009　保護者をパートナーとする援助チームの質的分析　風間書
房

八並光俊　2003　相互コンサルテーションによる生徒指導体制の改善に関す
る研究　学校教育学研究　15，51-56．

吉本武史　2000　教師だからできる5分間カウンセリング　学陽書房

7．参考図書

C. L. ジェルソー・B. R. フリッツ　清水里美（訳）　2007　カウンセリング
心理学　ブレーン出版
　　カウンセリング実践を支える心理学的な基礎としてカウンセリング心理
　学があるが、日本においてその紹介・研究等が十分になされていない。当
　分の間、標準的なテキストの1冊である本書から多くを学ぶ以外にない。
石隈利紀・田村節子　2003　石隈・田村式援助シートによるチーム援助入門
—学校心理学・実践編—　図書文化
　　子どもの自助資源や環境の援助資源を発見し、援助の見立てと手立てを

行うため本。援助チームシート、援助資源チェックシートの書き方・使い方・生かし方とチーム援助の方法や研修会のもち方等について具体的に論じている。

諸富祥彦　2010　カウンセリングとは何か　はじめてのカウンセリング入門・上　誠信書房

諸富祥彦　2010　ほんものの傾聴を学ぶ　はじめてのカウンセリング入門・下　誠信書房

　　2巻合わせて、現在の我が国におけるカウンセリングについての水準の高いテキストである。カウンセリングの定義や概要を述べるだけでなく、カウンセリングの基礎は「傾聴」であるとし、その学習法までをも提示している。

大野精一　1997　学校教育相談─具体化の試み　ほんの森出版

　　学校カウンセリング（狭義の学校教育相談）を、カウンセリング・コンサルティング・コーディネイティング等として学校の実情に合わせて具体的にまとめている。

大野精一・藤原忠雄（編著）　2018　学校教育相談の理論と実践　あいり出版

■課題とキーワード(＊)
(1)　学校カウンセリング・コンサルテーションとは

　　学校生活における児童生徒の学習面、心理・社会面、進路面、および健康面に関わる諸問題について、カウンセリング・コンサルテーション等の諸理論をふまえつつ、学校という場にふさわしい視点で対処するための理論と方法を活用することができる。

＊心理教育的援助サービスの技法、カウンセリング、コンサルテーション、コミュニケーション能力
(2)　カウンセリング

子どもへの直接的な援助的かかわりに関する方法を習得している。カウンセリングには、個別面接や集団面接の他、授業や部活動でのかかわりも含まれる。面接においては、傾聴を基本とする諸技法を用いて、児童生徒の発達段階や理解の程度に応じて、児童生徒の学校生活および個人的内面的問題を適切に理解し援助することができる。

＊4種類のサポート（情緒的サポート、情報的サポート、評価的サポート、道具的サポート）、認知カウンセリング、解決構築的カウンセリング、構成的グループ・エンカウンター、SST（ソーシャルスキルトレーニング）、マイクロカウンセリング、カウンセリングプロセス

(3)　コンサルテーション

ある面では互いに対等であることを認識しつつ、直接問題に直面している教師や保護者に対して専門的な知識・技能に基づいて助言するという1対1形式でのコンサルテーションおよびチーム援助における作戦会議のような集団形式での方法を活用することができる。

＊作戦会議、援助チームシート、相互コンサルテーション、校内委員会

(4)　コーディネーション

連携、協働して問題に対処する方法を習得している。学校の内での連携もあれば、学校外との連携、協働もある。学校教育上の諸問題に対して、適応指導教室、児童相談所、警察、地域の支援団体などと密接な連携を保つことができる。

＊コーディネーターの役割、ネットワーク、スクールカウンセラーの活用、専門機関との連携、話し合い能力

(5)　学校カウンセリング・コンサルテーションの実践上の諸問題

学習面、心理・社会面、進路面、および健康面に関わる諸問題について援助するための知識・技能を習得している。学業的発達、キャリア発達、個人的社会的発達のバランスを考慮することができる。

＊学級担任の抵抗、保護者の抵抗、学校システムへの介入、プロモーション

第4部　学校心理学的援助の実際

第9章　特別支援教育

1．特別支援教育とは

⑴　特別支援教育とは

　特別支援教育は、障害のある幼児児童生徒の自立や社会参加に向けた主体的な取組を支援するという視点に立ち、幼児児童生徒一人ひとりの教育的ニーズを把握し、その持てる力を高め、生活や学習上の困難を改善又は克服するため、適切な指導及び必要な支援を行うものである。また、知的な遅れのない発達障害も含めて、特別な支援を必要とする幼児児童生徒が在籍する全ての幼稚園・学校などにおいて実施されるものである。さらに、特別支援教育は、障害のある幼児児童生徒への教育にとどまらず、障害の有無やその他の個々の違いを認識しつつ様々な人々が生き生きと活躍できる共生社会の形成の基礎となるものであり、我が国の現在及び将来の社会にとって重要な意味を持っている。

　なお、我が国のすべての教職課程では、2019年から独立した「特別の支援を必要とする幼児、児童及び生徒に対する理解」に関する科目が設定され、教員を志すすべての者は特別支援教育について必ず学んでおくことが求められるようになっている。

⑵　ノーマライゼーションとインクルーシブ教育システム

　ノーマライゼーションは、障害者を含む「社会的弱者」に対する福祉・教育的サービスのあり方を示す理念で、障害者が人間として尊厳を維持できる生活（QOL：Quality of Life の重視）を可能にすることを目指し、人権の主体

としての自己決定を最大限に尊重することを主張する思想である。また、インクルージョンは、1994年にユネスコの「特別なニーズ教育に関する世界会議」で採択された「サラマンカ宣言」の中で提唱され、障害の有無によらず、全ての子どもを対象として一人ひとりの特別な教育的ニーズに応じて教育するべきとされた。子どもは一人ひとりユニークな存在であり一人ひとり違うのが当たり前として、全ての子どもを包み込む教育システムを構築する中で、個々の特別なニーズに応じた援助を展開するのがインクルーシブ教育である。障害のある子どもとない子どもの交流および共同学習の機会を積極的に設けるように、2009年の改訂から小中高等学校の学習指導要領の総則にも明記されている。障害のあるなしにかかわらず、支援が必要な人も含めて社会や学校などで豊かに暮らすことができるようなバリアフリーや授業におけるユニバーサルデザイン（できるだけ多くの人が利用可能であるようなデザインにすること）が求められている。

　さらに、2016年に施行された「障害者差別解消法」により、障害を理由とした「不当な差別的取り扱い」を禁止し、障害に伴う社会的障壁を取り除く「合理的配慮」の実行が必須のものとなった。

(3)　特別な教育的支援を必要とする子ども

１）特別支援学校と特別支援学級の児童生徒

　障害があることにより、通常の学級における指導だけではその能力を十分に伸ばすことが困難な子どもたちについては、一人ひとりの障害の種類・程度等に応じ、特別な配慮の下に、特別支援学校や小・中学校の特別支援学級、あるいは通級による指導において教育支援が行われている。障害種別には、視覚障害、聴覚障害、知的障害、肢体不自由、病弱・身体虚弱、言語障害、情緒障害、自閉症、学習障害（LD）、注意欠陥／多動性障害（ADHD）などの様々なものがあり、またこれらが重複することもある。特別支援学校の在学児童生徒数は近年大きく増加している。特別支援学級は、知的障害の学級在籍者が最も多く、次いで自閉症・情緒障害学級の在籍者が多い。通級によ

る指導は、小・中学校の通常の学級に在籍している障害の軽い子どもが、ほとんどの授業を通常の学級で受けながら、障害の状態等に応じた特別の指導を特別な場（通級指導教室）で受ける指導形態である。通級の対象には、言語障害、自閉症、情緒障害、学習障害、注意欠陥／多動性障害、弱視、難聴などがあり、言語障害者の割合が最も多いが、最近は発達障害やそれを疑われる子どもの利用が急増している。

2）発達障害や特別な教育的支援を要する通常学級の児童生徒

　発達障害とは2016年に改訂された発達障害者支援法によれば、自閉症、アスペルガー症候群その他の広汎性発達障害（高機能自閉症）、学習障害、注意欠陥多動性障害その他これに類する脳機能の障害であってその症状が通常低年齢において発現するものであり、これと社会的障壁により様々な生活に制限があるものとされている。表9-1に定義を記す。

2．障害の概念と特別な教育ニーズ

(1)　障害の概念

　特別支援教育の対象となる児童生徒への支援を考える際には、近年の障害の概念や理論についても理解した上で、具体的な実態把握や支援計画を立てることが望まれる。

　近年の障害の概念に関しては、2001年に WHO（世界保健機関）から示された ICF（国際生活機能分類）が大きな影響を及ぼしている。それ以前は、1980年に WHO で示された ICIDH（国際障害分類）によって、障害は機能障害、能力障害、社会的不利という三つのレベルで捉えられていた。ここでは、病気（疾患・変調）により機能障害が生じ、そのために能力障害が起こり、社会レベルとして社会的不利を生じるという一方向で説明がなされ、障害を個人の問題として捉える医学モデルとしての考え方が反映されていた。

　ところが、ICF では、機能障害、活動制限、参加制約という三次元から障害が捉えられるようになり、環境因子も重視されるようになった。ICF

表 9-1　自閉症スペクトラム障害、学習障害、注意欠陥/多動性障害の特徴

自閉症スペクトラム障害、または自閉スペクトラム症（ＡＳＤ：Autism spectrum disorder)	現在の国際的診断基準（ICD-10）の診断カテゴリーである広汎性発達障害（PDD）とほぼ同じ群を指しており、自閉症、アスペルガー症候群、その他の広汎性発達障害が含まれる。症状の強さに従って、いくつかの診断名に分類されるが、本質的には同じ１つの障害単位だと考えられている（スペクトラムとは「連続体」の意味である）。相互的な対人関係の障害、コミュニケーションの障害、興味や行動の偏り（こだわり）の特徴が現れる。典型的には１歳台で、人の目を見ることが少ない、指さしをしない、他の子どもに関心がない、などの様子がみられる。対人関係に関連したこのような行動は、通常の子どもでは急速に伸びるのと違って、自閉症スペクトラム障害の子どもでははっきりしない。保育所や幼稚園に入ると、一人遊びが多く集団行動が苦手など、人との関わり方が独特なことで気づかれることがある。言葉を話し始めた時期は遅くなくても、自分の話したいことしか口にせず、会話がつながりにくいことがしばしばある。また、電車やアニメのキャラクターなど、自分の好きなことや興味のあることには、毎日何時間でも熱中することがある。初めてのことや決まっていたことの変更は苦手で、なじむのにかなり時間がかかることがある。〔「みんなのメンタルヘルス」厚生労働省から〕
学習障害*（LD：Learning Disabilities）または学力の特異的発達障害**（Specific developmental disorders of scholastic skills）または限局性学習障害***（Specific learning disorder)	学習障害とは、基本的には全般的な知的発達に遅れはないが、聞く、話す、読む、書く、計算する又は推論する能力のうち特定のものの習得と使用に著しい困難を示す様々な状態を指すものである。その原因として、中枢神経系に何らかの機能障害があると推定されるが、視覚障害、聴覚障害、知的障害、情緒障害などの障害や、環境的な要因が直接の原因となるものではない。〔「主な発達障害の定義」文部科学省から〕 全般的な知的発達には問題がないのに、読む、書く、計算するなど特定の事柄のみがとりわけ難しい状態をいう。それぞれ学業成績や日常生活に困難が生じる。こうした能力を要求される小学校２～４年生頃に成績不振などから明らかになる。その結果として、学業に意欲を失い、自信をなくしてしまうことがある。〔「みんなのメンタルヘルス」厚生労働省から〕
注意欠陥／多動性障害または注意欠如・多動性障害、注意欠如多動症（ADHD：Attenuation Deficit Hyperactivity Disorder)	発達年齢に見合わない多動‐衝動性、あるいは不注意、またはその両方の症状が、７歳（DSM-5では12歳）までに現れる。学童期の子どもには３～７％存在し、男性は女性より数倍多いと報告されています。男性の有病率は青年期には低くなりますが、女性の有病率は年齢を重ねても変化しないと報告されています。７歳までに、多動‐衝動性、あるいは不注意、またはその両方の症状が現れ、そのタイプ別の症状の程度によって、多動‐衝動性優勢型、不注意優勢型、混合型に分類されます。小学生を例にとると、多動‐衝動性の症状には、座っていても手足をもじもじする、席を離れる、おとなしく遊ぶことが難しい、じっとしていられずいつも活動する、しゃべりすぎる、順番を待つのが難しい、他人の会話やゲームに割り込む、などがある。不注意の症状には、学校の勉強でうっかりミスが多い、課題や遊びなどの活動に集中し続けることができない、話しかけられていても聞いていないように見える、やるべきことを最後までやりとげない、課題や作業の段取りが下手、整理整頓が苦手、宿題のように集中力が必要なことを避ける、忘れ物や紛失が多い、気が散りやすい、などがある。多動症状は、一般的には成長とともに軽くなる場合が多いが、不注意や衝動性の症状は半数が青年期まで、さらにその半数は成人期まで続くと報告されている。また、思春期以降になってうつ症状や不安症状を合併する人もいる。〔「みんなのメンタルヘルス」厚生労働省から〕

注）*文部科学省、**ICD-10、***DSM-5　※表にある診断名は、ICD-11（2019）の日本語訳を想定して使用頻度の高い用語を併記している。また本文中で用いている診断名は、厚生労働省や文部科学省が現在用いている名称を引用している場合がある。正式には、厚生労働省によるICD-11（2019）の日本語訳の公表を参照。

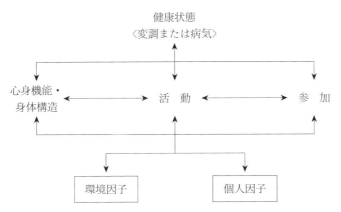

図 9-1　ICF の構成要素間の相互作用（WHO、2002）

では、生活機能は、心身機能・構造、活動、参加の全てを含んでおり、個人の生活機能は健康状態と背景因子（環境因子と個人因子）との間の、相互作用あるいは複合的な関係とみなされる。したがって、一つの要素に介入するとその他の一つまたは複数の要素を変化させる可能性がある。また、障害を医学モデル、あるいは障害は社会によって作られるという社会モデルでもなく、これら二つの対立するモデルを統合し、生物学的、個人的、社会的観点を合わせた統合モデルとして考えられている（図 9-1）。

　ICF の考え方は、特別支援教育における学校現場での支援の考え方にも重要な示唆を与える。学校教育現場において障害を児童生徒自身だけの問題として捉えるのではなく、環境との関係から捉えてどのような学習環境を設定することで本人の活動が活発になり、より一層参加が可能になるのかという観点を大切にしていく必要性を示している。

⑵　さまざまな障害の就学基準

　特別支援教育では、障害のある子どもの教育は、特別支援学校、特別支援学級、通級による指導、そして通常学級における指導によって実施される。障害のある子どもの就学先は、個々の障害の程度や状況を考慮して決定され

表 9-2　障害のある児童生徒の就学基準

視 覚 障 害 者	両眼の視力がおおむね0.3未満のもの又は視力以外の視機能障害が高度のもののうち、拡大鏡等の使用によっても通常の文字、図形等の視覚による認識が不可能又は著しく困難な程度のもの
聴 覚 障 害 者	両耳の聴力レベルがおおむね60デシベル以上のもののうち、補聴器等の使用によっても通常の話声を解することが不可能又は著しく困難な程度のもの
知 的 障 害 者	一、知的発達の遅滞があり、他人との意思疎通が困難で日常生活を営むのに頻繁に援助を必要とする程度のもの。二、知的発達の遅滞の程度が前号に掲げる程度に達しないもののうち、社会生活への適応が著しく困難なもの
肢体不自由者	一、肢体不自由の状態が補装具の使用によっても歩行、筆記等日常生活における基本的な動作が不可能又は困難な程度のもの。二、肢体不自由の状態が前号が掲げる程度に達しないもののうち、常時の医学的観察指導を必要とする程度のもの
病　　弱　　者	一、慢性の呼吸器疾患、腎臓疾患及び神経疾患、悪性新生物その他の疾患の状態が継続して医療又は生活規制を必要とする程度のもの。二、身体虚弱の状態が継続して生活規制を必要とする程度のもの

備考　1．視力の測定は、万国式試視力表によるものとし、屈折異常があるものについては、矯正視力によって測定する。
　　　2．聴力の測定は、日本工業規格によるオージオメーターによる。

る。

　特別支援学校の対象となる障害種と障害の程度の基準は「学校教育法施行令」第22条の3で示されており、具体的には、表9-2の通りである。ただし、この就学基準に該当しても、市町村の教育委員会が地域の小・中学校で適切な教育を受けることができる特別な事情があると認めた場合には、「認定就学者」として通常学校に就学することも可能とされている。そして、2007年から学校教育法施行令が一部改正され、小学校に認定就学させる場合および特別支援学校の小学部に入学させる場合、市町村教育委員会は専門家の意見だけでなく、保護者の意見を聴取することが法令上義務づけられている（18条の2）。なお、障害のために通学できない児童生徒に対しては、教員が家

庭などに出向いて指導を行う訪問教育も実施されている（表9-2）。

　次に、障害の比較的軽い子どもは、主に小・中学校の特別支援学級で教育を受ける。特別支援学級は、同じ障害について 8 人を上限とする少人数の学級である。障害種別ごとに置かれ、知的障害、肢体不自由、病弱・身体虚弱、弱視、難聴、言語障害、自閉症・情緒障害の学級がある。

　通級による指導は、小・中学校の通常学級に在籍している障害の軽い子どもがほとんどの授業を通常学級で受けながら、一定の時間、障害の状態等に応じた特別の指導を行う必要がある場合に、特別な場（通級指導教室）で指導をうける。通級の対象は、言語障害、自閉症、情緒障害、学習障害、注意欠陥／多動性障害、弱視、難聴などである。通級による指導では、自分の学校で指導を受けられる「自校通級」、別の学校に通う「他校通級」、さらには教員が指導にまわってくる「巡回指導」があり、利用者は増加している。また、児童生徒13人につき教員 1 人が配置されている。

　通常学級では、学習障害、注意欠陥／多動性障害、自閉症スペクトラム障害などの児童生徒に対して、主には担任の教師が個々のニーズに合わせて、適切な指導を行っている。最近では、授業のユニバーサルデザインなどの表現がなされ、発達障害の子どもたちも含めた全ての児童生徒が活動を行い、参加できる授業の在り方が求められている。

3．実態把握と相談支援

　特別支援教育の実施にあたって何より重要なのは、児童・生徒の実態把握である。丁寧な実態把握なくして指導目標の設定や個別の指導計画の立案はあり得ない。よい支援を行うためには、それぞれの子どもの困難さを理解し、発達の状況を的確に把握する必要がある。

(1)　実態把握の方法

　アセスメントとは、実態把握のための評価・評定・診断を意味する。特別支援教育の対象となる子どものためのアセスメントは、①医学検査、心理検

査などのうち必要と見做される複数の検査からの情報、②生育歴、教育歴など子どものこれまでの発達に関する情報、③行動観察による現在の行動の特徴に関する情報、④子どものノートや作品からの情報、などから多角的に行われることが望ましい。

１）検査による実態把握

　医学検査では、視機能検査、聴力検査、脳波検査、MRI などを用いて障害の原因や状態を把握する。また、診断を行う際には、アメリカ精神医学会の「DSM-5（精神障害の診断・統計マニュアル第 5 版）」や WHO の「ICD-10（国際疾病分類第10版）」（ICD-11（2019）も参照）が診断基準として利用されている。

　心理検査では、知能検査、発達検査、言語能力検査、社会生活能力検査などから子どもの問題に合わせて幾つかの検査を選択し、テストバッテリーを組むことが多い。

２）生育歴・教育歴による実態把握

　子どもの問題を把握するためには、過去に遡って特性や原因を考察する必要がある。子どもをよく知る保護者などから現在までの発達の経緯を聞き取っておくとよい。生育歴では、周産期および出産時のトラブルの有無、乳児期や幼児期の運動能力・言語能力・ソーシャルスキルの発達の経過、こだわりなど特異なエピソード、を中心に就学年齢に達するまでの発達の様子を把握しておく。教育歴では、これまでに活用した療育や特別支援教育、就学前の保育（保育所、幼稚園、こども園など）について内容や期間の情報を収集する。

３）行動観察による実態把握

　子どもの問題に関する気づきを得てすぐに取り組むことができるのは、行動観察と子どもをよく知る人物によるチェックリストの記入である。

　行動観察の方法として、自然観察法（日常における自然な状態での行動を観察する方法）と実験的観察法（観察対象とする行動が生じやすい環境を意図的に設定

した中で対象行動を観察する方法）が挙げられるが、学校生活の中での行動観察を考えると前者の方法が一般的である。自然観察法の中でも、偶発的に目にした行動を記録する方法を偶然的観察法、観察対象となる行動を予め定めて記録する方法を組織的観察法という。教育活動を行いながらの行動観察は、観察対象児だけに注目しているわけにもいかず困難を伴うため、担任教諭だけではなくティームティーチングでの他の教員やスクールカウンセラー、巡回相談員などの観察結果と合わせて実態把握を行うとよい。また、行動観察は、その子どもの行動の傾向（計算をするときに必ず指を使う）を教えてくれるだけでなく、行動の背後に潜む特性（計算の方略を理解する能力はあるが作業記憶が弱いため暗算を苦手とする）をも教えてくれる。また、同一の子ども（学級では落ち着きが無く他者の話が聞けない）が異なる環境（静かな部屋で検査者と二人きりの検査場面）では、違った行動（離席することなく落ち着いて検査者の話に耳を傾ける）を見せることも多々ある。それ故、行動が観察された時の活動内容や形態、活動の時間帯などの背景も併せて記録しておくと子どもの行動特性の理解に役立つことが多い。また、観察時は子どもの能力や行動の特徴だけではなく、子どもが持つ自己効力感や学習意欲にも注目し、指導計画を立てる際に配慮するとよい。

　観察された子どもの実態は、エピソード記録だけでなくチェックリストなどを活用して記録されることが多い。個別の指導計画を作成するにあたって指定のチェックリストによるアセスメントを義務付けている学校もある。チェックにあたっては生活・行動面だけではなく、学習面の各領域の情報も押さえておく。チェックリストを使用するときは、その利便性だけでなく記入者の主観が入り込みやすいという性質も念頭に置いておく必要がある。

4）子どものノートや作品からの実態把握

　子どもが作成したものには様々な情報が含まれている。理科の観察カードを例に挙げると、字形や筆圧の様子から手先の巧緻性、文章から作文能力・内容に関する理解の度合い、図から描画力がそれぞれ判断される。行動観察

から得られた情報と併せて考察するとより子どもの実態に迫ることができる。

(2) 情報の総合的判断と相談支援

　前述のような方法で多角的に収集した情報を子どもの理解に役立てていくわけだが、ともすると集まった情報量は多くてもそこから適切な考察が導き出されないこともある。情報の提供者は、保護者であったり、検査者であったり様々だが、複数の情報をまとめて子どもの実態把握につなげる作業は主に支援者の役割となるであろう。正確なアセスメントを行うためには、情報が集まった段階で総合的な判断を行う必要がある。心理検査のプロフィール分析の結果と日常の行動が矛盾するといった、解釈に悩むような事例の場合でも、その齟齬が何によるものなのかを考察し、より広い視野で総合的に子どもの特性理解に努めなければならない。

　また、検査結果は、能力の水準の高低を見極めるためだけではなく、それぞれの課題にどのように取り組んだかが重要な情報になる。例えば言語表現を伴う検査において、言語表出量が多いものの本質を指摘することが困難な子どもと表出量は少ないものの短い言葉で的確に表現できる子どもとが同じ得点を得たとしても、実態や支援の方針は異なるのである。

　このように子どもの実態把握は容易なものではない。支援当事者はともすると近視眼的な状況の捉え方になりやすいが、専門的な知識と経験を有する学校心理士が、問題の全体を俯瞰し適切な見立てのもと支援者のよき助言者になることが期待される。

４．個別の指導計画と個別の教育支援計画

(1) 個別の指導計画、個別の教育支援計画とは

　障害のある児童生徒の一人ひとりの教育的ニーズに応じて適切な教育的支援を実行するといった視点から個別の指導計画や個別の教育支援計画の取り組みが本格化し、作成とその活用の実践が積み上げられてきている。

　個別の指導計画の作成に関しては、2009年３月に改訂された特別支援学校

小学部・中学部学習指導要領総則において「各教科等の指導に当たっては、個々の児童又は生徒の実態を的確に把握し、個別の指導計画を作成すること。また、個別の指導計画に基づいて行われた学習の状況や結果を適正に評価し、指導の改善に努めること」と述べられている。

　個別の教育支援計画の作成に関しては、同学習指導要領総則において「家庭及び地域や医療、福祉、保健、労働等の業務を行う関係機関との連携を図り、長期的な視点で児童又は生徒への教育的支援を行うために、個別の教育支援計画を作成すること」と述べられている。

　また、小中学校等の学習指導要領解説の総則においても2009年3月の改訂から「障害のある児童などについては、特別支援学校等の助言又は援助を活用しつつ、例えば指導についての計画又は家庭や医療、福祉等の業務を行う関係機関と連携した支援のための計画を個別に作成することなどにより、個々の児童（生徒）の障害の状態等に応じた指導内容や指導方法の工夫を計画的、組織的に行うこと」と述べられている。

　個別の指導計画は、障害のある児童生徒一人ひとりに応じてきめ細やかで効果的な指導が行えるように、教科や領域ごとに個別の具体的な指導目標、内容・方法等を計画していくものである。単元や学期、学年等ごとに作成され、それに基づいた指導、評価、改善が行われる。

　これに対して個別の教育支援計画は、在学中のみならず、児童生徒の乳幼児期から学校卒業後までを見通した視点を持って、教育、医療、福祉、労働等の関係機関の関係者及び保護者等が児童生徒の障害の状態等に関わる情報を共有化し、一人ひとりのニーズを把握して、教育的支援の目標や内容、関係者の役割分担などについて計画を策定していくものである。

　したがって、個別の指導計画は、乳幼児期から学校卒業後までを通じて長期的な視点で作成される個別の教育支援計画を踏まえ、より具体的な指導の内容を設定して作成されるものと考えられる。

⑵　個別の指導計画と個別の教育支援計画の作成にあたっての留意事項

　個別の指導計画や個別の教育支援計画の作成にあたっては、作成（Plan）
―実施（Do）―評価（Check）―改善（Action）のプロセスとサイクルが大切で
ある。つまり、児童生徒の適切な実態把握に基づき教育的ニーズを明らかに
し、指導・支援目標や目標達成のための方法を設定し、指導・支援の実践と
指導・支援の評価を行い、指導計画や支援計画を見直していくことになる。

　実態把握においては、心理検査や面接等の方法のみならず、対象児童生徒
の学校生活全般の様子、さらには生活状況や家庭での様子も含めて状況を捉
え、教育的ニーズを明らかにする必要がある。その際、児童生徒の不得意な
ことや課題のみを促えるのではなく、得意なこと、長所を捉えることによっ
て、指導内容や目標達成のための方法を検討する際の情報にしていくことが
重要である。指導・支援目標の設定においては、できるかぎり具体的に設定
することによって、指導・支援に関わる関係者がその目標を共通理解できる
ように、さらには目標達成のための方法が具体的になるよう心がけるべきで
ある。指導内容の設定や目標達成のための方法を設定する際には、「困難さ
そのものを改善するための指導」と「困難さを補うような支援の工夫」の両
側面から考案していくことが必要となる。また、評価にあたっては、児童生
徒の目標に対する評価、指導内容や支援方法に関する評価を行い、実態把握
を含めて目標、指導内容、方法の改善をおこなっていく必要がある。

　なお、個別の教育支援計画作成にあたっては、関係機関や保護者との情報
交換、協議を行っていくことが望まれ、そのためには関係者との連絡調整を
行うコーディネーターの役割が重要となる。

5．校内委員会と支援体制

⑴　特別支援教育を推進するための支援体制

　発達障害を含め障害のある子ども一人ひとりのニーズに応じた支援は、必
ずしも子どもが在籍するクラス、あるいは在籍する学校における対応のみで

実現するものではない。このため、子どもを担任する教員を支える校内支援体制、学校を支える地域の支援体制の整備が特別支援教育の推進には欠かせない。

1）各校における支援体制

「特別支援教育の推進について（通知）」（2007年4月）により、各学校では、校内委員会を設置し、特別支援教育コーディネーターを置くことになった。校長のリーダーシップの下、全校的な支援体制として設置される校内委員会は、特別な教育的支援を必要とする子どもの存在を把握し、支援方策を検討する役割を担う。このような機能を果たすには、校内委員会は、校内の特別支援教育推進全般に関与する固定的なメンバー（特別支援教育コーディネーターなど）と、特定の子どもの実態や特徴を把握する弾力的に組織されたメンバーとで構成される必要があり、校内の調整は特別支援教育コーディネーターが担うことになる。なお、今後は「チーム学校」として、学校全体で教職員それぞれの専門性を統合した支援組織になることが期待される。

2）校内支援体制を支える仕組み

校内支援体制によっても有効な支援が展開できない場合には、巡回相談や外部の専門家を活用することになる。巡回相談員は、各校を巡回して対象となる子どものニーズを把握し、支援内容や方法を助言するとともに、校内の支援体制づくりについての助言も行う。外部の専門家は、特別支援学校の教員や、心理学の専門家、理学療法士、作業療法士、言語聴覚士、医師等のメンバーにより構成され、発達障害か否かの判断および望ましい教育的対応について専門的意見や助言を行う。なお、こうした外部の専門家と連携したチームを形成することが課題となる。

以上のような校内外の支援体制が機能することで、多様な専門性を有するメンバーによるチーム支援が可能となる（図9-2）。

上記のように、学校を超えた支援体制を有機的に機能させるためには、教育機関のみならず、福祉、医療、労働等の関係機関との円滑な連携が欠かせ

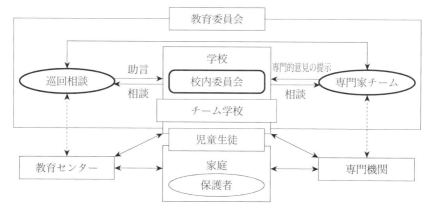

図 9-2　校内委員会、巡回相談、専門家チームの関係（文部科学省、2004）

ない。特に、発達障害者支援センター、障害者支援センターといった専門機
関は、個々の子どもの特徴を踏まえつつ乳幼児期から成人に至るシームレス
な援助の鍵となる存在である。

３）多領域にわたる連携を支える体制

　各都道府県における関係機関の円滑な連携に向け、都道府県レベルのネッ
トワークとして「広域特別支援連携協議会」、各支援地域における実務担当
者レベルのネットワークとして「支援地域における特別支援連絡協議会」が
設置されている。特別支援教育の推進にあたっては、一人ひとりの子どもへ
の適切な対応を展開すると同時に、これを可能にする支援体制を組織レベル
で整備することが求められている。

⑵　**障害がある子どもを支援する技法**

　特別な教育的支援ニーズがある子どもを対象とする三次的援助サービスで
は、障害等子どもの弱い部分に対するアプローチとともに、子どもの強い能
力（自助資源）や環境の資源（援助資源）を活用することがポイントとなる。

　自閉症スペクトラム障害がある子どもの療育プログラム「TEACCH」は、
子どもが一人で活動できる場面を増やすことを目指し、周囲の刺激を意味あ

るものとして捉えやすくする「構造化」の手法を用いる。構造化には、遊ぶ場所や学習する場所というように活動と場所を対応させる物理的構造化、視覚刺激をわかりやすく明確に提示する視覚的構造化などがある。構造化は、特定のパターンや視覚的手がかりを理解しやすい自閉症スペクトラム障害の子どもの特徴を活かした手法である。

　重度のコミュニケーション障害がある子どもへの支援は、いかに発声言語以外の手段で自分の意志を伝える方法を確保するかがポイントとなる。AAC（Augmentative & Alternative Communication・補助代替コミュニケーション）は、子どもが理解及び操作することが可能な身ぶり、サイン、シンボル、コミュニケーション機器などを用いて障害を補償しようとする技法である。発声言語に替わる手段の獲得は、自己表現、自己決定のためのスキルの獲得を意味するとも言える。

　子どもの社会適応を促進する援助として、SST（Social Skills Training）が注目されている。SSTは、子どもが抱える人間関係の問題を「ソーシャルスキル不足」と捉え、不足しているスキルを教えることで適応状態の改善や問題の予防を図ろうとする取り組みである。トレーニングは、インストラクション、モデリング、リハーサル、フィードバック、定着化の五つのステップで構成される。具体的な行動に焦点をあてたトレーニングは、課題の共通理解が図りやすく、適応上の問題を直接扱うことが可能なことから、学校現場でも多くの場面で活用されている。

　これらの技法は、対象とする特定の子どもだけでなく、多くの子どもにとって学習しやすい環境を整備するための視点となり得る点において意義がある。また、これらのアプローチが、共通して子どもの自発的行動や自己決定を促進しようとしている点も興味深い。障害がある子どもの支援は、障害や困難を克服することのみを目指すものではなく、それにより子どもの生活が子ども自身のものとなること、つまりは自立を目指していることを忘れてはならないだろう。

6. 引用文献

学校心理士資格認定委員会（編）　2012　学校心理学ガイドブック（第3版）
　　風間書房

藤村出・服巻智子・諏訪利明・内山登紀夫・安倍陽子・鈴木伸五　1999　自
　　閉症のひとたちへの援助システム―TEACCH を日本でいかすには―　朝
　　日新聞公正文化事業団

橋本創一・小島道生・霜田浩信他　2008　障害児者の理解と教育・支援―特
　　別支援教育／障害者支援のガイド―　金子書房

平林あゆ子　2003　補助・代替コミュニケーション（AAC）とコミュニケ
　　ーション障害―どのようにコミュニケーションの世界を広げるのか―　名
　　古屋女子大学紀要　人文・社会編　49, 67-78.

文部科学省　2004　小・中学校における LD（学習障害）　ADHD（注意欠
　　陥／多動性障害）　高機能自閉症の児童生徒への教育支援体制の整備のた
　　めのガイドライン　文部科学省特別支援教育課

文部科学省事務次官・厚生労働省事務次官　2005　発達障害者支援法の施行
　　について（17文科初第16号厚生労働省発障第0401008号）

文部科学省　2007　改訂版　通級による指導の手引　解説と Q&A　第一法
　　規

文部科学省　2007　特別支援教育の推進について（通知）（平成19年4月）

文部科学省・厚生労働省　2008　障害のある子どものための地域における相
　　談支援体制整備ガイドライン（試案）

文部科学省　2008　小学校学習指導要領解説　総則編　東洋館出版社

文部科学省　2009　特別支援学校学習指導要領解説　総則等編（幼・小・
　　中）　教育出版

文部科学省特別支援教育課　2011　特別支援教育資料 http://www.mext.
　　go.jp/a_menu/shotou/tokubetu/material.htm

文部科学省特別支援教育課　2011　特別支援教育の現状 http://www.mext.

go.jp/a_menu/shotou/tokubetu/002.htm

小貫悟・名越斉子・三和彩　2004　LD・ADHD へのソーシャルスキルトレーニング　日本文化科学社

世界保健機関（WHO）　2002　ICF 国際生活機能分類改訂版―国際障害分類改訂版―　中央法規

全国特別支援教育推進連盟（編著）　2007　よりよい理解のために　交流及び共同学習事例集　ジアース教育新社

文部科学省中央教育審議会　2015　チームとしての学校の在り方と今後の改善方策について（答申）　http://www.mext.go.jp/b_menu/shingi/chukyo/chukyo0/toushin/__icsFiles/afieldfile/2016/02/05/1365657_00.pdf

厚生労働省『みんなのメンタルヘルス総合サイト』（平成22年 9 月開設）
https://www.mhlw.go.jp/kokoro/index.html

７．参考図書

日本 LD 学会（編）　2016　発達障害事典　丸善出版
　　発達障害や特別支援教育などに関するキーワードや制度などの解説が詳しく記載されています。

日本発達障害学会（監修）　2016　キーワードで読む 発達障害研究と実践のための医学診断／福祉サービス／特別支援教育／就労支援―福祉・労働制度・脳科学的アプローチー　福村出版
　　発達障害に関する医学診断・福祉サービス・特別支援教育・労働などにおける実践と診断に関する最新の研究知見が掲載されています。

独立行政法人 国立特別支援教育総合研究所　2015　特別支援教育の基礎・基本　ジアース教育新社
　　特別支援教育に関する用語と制度などの解説と全国の学校教育実践について、基本的なことをまとめています。

菅原伸康（編著）　2011　特別支援教育を学ぶ人へ　教育者の地平　ミネル

ヴァ書房

　特別支援教育を基礎から学ぶ人のための教育実践にのぞむ姿勢や態度、実践について、初歩から考えてもらうための書籍です。

宮川充司・津村俊充・中西由里・大野木裕明（編著）　2018　スクールカウンセリングと発達支援［改訂版］　ナカニシヤ出版

　学校カウンセリングと特別支援教育の接点や連携、障害のある児童生徒への発達支援について、学校教育実践の中で取り組むべきことについて詳しく紹介しています。

■課題とキーワード（＊）

(1)　特別支援教育とは

　特別支援教育の意義と制度、ノーマライゼーションの理念について理解し、最近の学校現場における課題解決に向けた具体的な教育実践や取り組みについて考えることができる。

＊ノーマライゼーション、インクルーシブ教育システム、交流および共同学習、QOL、バリアフリー、特別支援教育、就学基準、特別支援学校、特別支援学級、通級による指導、障害者基本法、障害者総合支援法、発達障害者支援法、障害者差別解消法、早期療育

(2)　障害の概念と特別な教育ニーズ

　学校教育法や医学的な診断基準などに基づく障害の概念と特別な教育ニーズについて理解し、事例的に個々の課題や問題などについて整理・分析がおこなえる。

＊ICF、ICD-10、DSM-5、発達障害、神経発達症、視覚障害、聴覚障害、知的障害、肢体不自由、病弱・身体虚弱、言語障害、重度・重複障害（重症心身障害）、情緒障害、自閉症、ASD（自閉スペクトラム症／自閉症スペクトラム障害）、LD（限局性学習症／学習障害）、ADHD（注意欠如・多動症／注意欠如・多動性障害、注意欠陥／多動性障害）、広汎性発達障害、高

機能自閉症、アスペルガー症候群、ダウン症、ディスレクシア、行為障害

(3) 実態把握と相談支援

　学習、行動、生活、対人関係などの側面におけるアセスメントに基づき、対象児の実態を把握し、相談支援や具体的な支援方法などを立案し、実践するための検討ができる。

＊特別支援教育コーディネーター、就学相談、教育相談、特別支援学校のセンター的機能、障害理解、インフォームドコンセント、スクリーニング、アセスメント、医療的ケア、二次障害、学習の困難さ、適応行動、行動上の問題、心の理論、実行機能、感覚過敏、不登校、いじめ、児童虐待、障害の重度・重複化

(4) 個別の指導計画と個別の教育支援計画

　「個別の指導計画」「個別の教育支援計画」について理解し、学校と関係機関との連携や、移行支援という観点から説明することができる。また、各々の計画書に盛り込まれるべき内容を具体的にあげることができる。

＊個別の指導計画、個別の教育支援計画、個別の移行支援計画、個別の支援計画、学習支援、行動支援、対人関係の支援、生活支援、運動機能の支援、長期目標、短期目標、保護者との連携、指導手続き、指導の場、個別指導、集団内配慮

(5) 校内委員会と支援体制

　学校や教育委員会などにおける特別支援教育を推進するための支援体制や実際の支援について理解し、最近の現状や地域性などを踏まえて、学校現場での課題解決に向けた事例について検討できる。

＊チーム学校、校内委員会、特別支援教育広域ネットワーク、外部の専門家、巡回相談、専門機関との連携、発達障害者支援センター、SST（ソーシャルスキルトレーニング）、AAC（補助代替コミュニケーション）、指導の構造化、TEACCH プログラム、学級経営、チームティーチング、特別支援教育支援員

第10章　生徒指導・教育相談、キャリア教育

1．生徒指導とは

⑴　生徒指導の定義

　学校心理士有資格者としてスクールカウンセラー業務を行う場合、あるいは生徒指導主事や教育相談担当として生徒指導の業務やマネジメントを行う場合に、重要なことは「生徒指導とは何か」という定義について共通理解しておくことが大切となる。

　生徒指導に関する公的な定義は、文部科学省より2010年に教職員向けの生徒指導ガイドブックとして『生徒指導提要』（文部科学省、2010）が刊行され、同書で示された。『生徒指導提要』では、「生徒指導とは、一人一人の児童生徒の人格を尊重し、個性の伸長を図りながら、社会的資質や行動力を高めることを目指して行われる教育活動」（文部科学省、2010、p.1）であると定義されている。また、生徒指導が「教育課程の内外において一人一人の児童生徒の健全な成長を促し、児童生徒自ら現在及び将来における自己実現を図っていくための自己指導能力の育成を目指す」（文部科学省、2010、p.1）としている。生徒指導は、児童生徒の社会的自立の原動力となる自己指導能力の育成を目標に、学校内外の生活において、彼らの成長や発達促進を阻害する問題の解決を援助する重要な教育活動である。

　公的な定義に対して、八並は生徒指導を学校心理学の観点から、「生徒指導とは、子ども一人ひとりのよさや違いを大切にしながら、彼らの発達に伴う学習面、心理・社会面、進路面、健康面などの悩みの解決と夢や希望の実現を目指す総合的な個別発達援助である。」（八並・國分、2008、p.16）と実践的な定義をしている。

　生徒指導は、問題行動を起こしている特定の児童生徒や悩みや問題を抱えた一部の児童生徒だけでなく、すべての児童生徒を対象として、一人ひとり

の異なる教育的なニーズや実態（個別的）に関する児童生徒理解に基づいて、発達段階に応じた（発達的）、多面的な援助（総合的）を行い、個性と社会性や行動力の育成を図りながら、主体的な進路の選択・決定を促進し、すべての児童生徒の学校から社会へのスムーズな移行を援助する「総合的な個別発達援助」である。

(2) 生徒指導の構造

『生徒指導提要』では、生徒指導の対象が児童生徒個人であっても、集団であっても、共通する指導として「成長を促す指導」、「予防的な指導」、「課題解決的な指導」の三つをあげている（文部科学省、2010、p. 14）。

成長を促す指導とは、「すべての児童生徒を対象に、個性を伸ばすことや、自身の成長に対する意欲を高めることをねらいとしたもの」（文部科学省、2010、p. 19）である。予防的な指導とは、「一部の児童生徒を対象に、深刻な問題に発展しないように、初期段階で諸課題を解決することをねらいとしたもの」（文部科学省、2010、p. 19）である。課題解決的な指導は、「深刻な問題行動や悩みを抱え、なおかつその悩みに対するストレスに適切に対処できないような特別に支援を必要とする児童生徒に」（文部科学省、2010、p. 20）対する課題解決に焦点を置いた指導である。また、生徒指導の基盤として、児童生徒一人ひとりについての多面的・総合的に理解していくという児童生徒理解の重要性を指摘している。

『生徒指導提要』で示された生徒指導の構造と、学校心理学の教育援助サービスモデルとはどのように関連するのか。前者を生徒指導モデル、後者を学校心理学モデルとすると、両者の対応関係は図 10-1 のように示される。

学校心理学では、児童生徒の学校生活における教育上または発達上の苦戦に対して、学習面、心理・社会面、進路面、健康面の多面的な観点から、「個人としての児童生徒」と「環境のなかの児童生徒」という個人と環境の相互作用を考慮しながら、トータルな存在として児童生徒を捉えて、心理教育的アセスメント（児童生徒理解）を行い、問題解決の仮説をたてる。

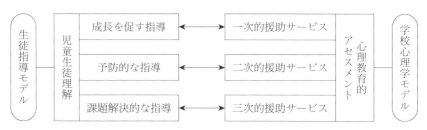

図10-1　生徒指導モデルと学校心理学モデルの対応関係（八並、2012）

　また、心理教育的アセスメントに基づく、次の三つの教育的援助サービスを提供する。①すべての児童生徒を対象とする一次的援助サービスは、成長を促す指導に相当する。主に授業や集団活動を通じて、社会的スキルや学習スキルの習得を目指す成長促進的生徒指導と、「非行防止教室」・「薬物乱用防止教育」などの問題行動の予防に重点を置いた予防教育的生徒指導が含まれる。②苦戦している一部の児童生徒を対象とする二次的援助サービスは、予防的な指導に相当する。コア援助チームや拡大援助チームによる問題行動の早期解決が含まれる。③特別な援助ニーズをもつ特定の児童生徒を対象とする三次的援助サービスは、課題解決的な指導に相当する。学校と関係機関等の連携によるネットワーク型援助チームによる課題解決が含まれる。したがって、学校心理学モデルと生徒指導モデルは、山口が指摘したように同等性をもつといえる（山口・石隈、2005）。

2．生徒指導の体制と諸問題

(1)　総合的発達援助としての生徒指導

　平成29年告示の小・中学校学習指導要領において、生徒指導は、学級経営やキャリア教育とともに、小学校段階から充実させることが明記された。生徒指導の充実のために、生徒指導は、学校心理学を基礎学問とし、教師とスクールカウンセラー（専門的ヘルパー）が連携するなど、協働的生徒指導体制のもとで展開される必要がある。学校心理士は、子どもの学校生活における

問題を解決し、子どもの成長を援助する心理教育的援助サービスの専門家であるのだから、学校現場における生徒指導とは何かを十分に理解することが求められている。

　生徒指導の実際は、学校の実態からすれば、子どもの問題行動への対応と捉えられがちであった。しかし、本来の目的からすれば、生徒指導は、子ども一人ひとりの異なる教育的ニーズや実態を理解し（個別的）、発達段階に応じた（発達的）、多面的な教育援助サービス（総合的）に行う総合的発達援助と考えることができる。これらのことを踏まえてバランスのとれた生徒指導を、組織的・計画的に取り組んでいくことが必要である。

⑵　バランスのとれた生徒指導　体制と組織

1 ）予防・早期発見・介入

　教師・スクールカウンセラーを取り巻く生徒指導の状況は、薬物乱用・暴力行為・児童虐待など厳しさを増している。これらの問題に対応するには、カウンセリングによる介入と合わせて、子どもの発達上の問題の早期発見と予防的対応が重要である。早期発見では、子ども一人ひとりが抱えている発達上の問題の発見や学級集団の環境把握に関するアセスメントの力（学級経営）が求められている。予防という点では、子どもたちがさまざま問題に自律的に対処できるライフスキルの育成が重要課題である。これらの対応を可能にするためには教師集団の共通理解にたった、いわゆる生徒指導体制を確立することが必要である。

2 ）生徒指導の組織

　生徒指導体制の実際は、学校種や学校規模などによる差異があることも否めない。しかし、実効性のある組織・運営の基本原理は、共通して次のようになる（文部科学省、2010）。①全教職員の一致協力と役割分担、②学校としての指導方針の明確化、③すべての児童生徒の健全な成長の促進、④問題行動の発生時の迅速かつ毅然とした対応、⑤生徒指導体制の不断の見直しと適切な評価・改善、である。また、生徒指導主事は管理職や関係機関との連

絡・調整を図り、問題への組織的対応のかなめの役割を果たす必要がある。以上のような組織運営を踏まえながら、生徒指導における全体計画や年間指導計画の整備と改善が生徒指導体制の重要な鍵を握る。

3）生徒指導の機能的分類とチーム援助

　生徒指導は、学校のあらゆる活動に作用する教育機能であり、機能という観点から分類すると、開発的・予防的・治療的な3観点から整理することができる。これらは、学校心理学では一次的援助サービス、二次的援助サービス、三次的援助サービスに対応している。実際の問題行動への対応では、学校内外の援助資源をコーディネーションするチーム援助が学校現場では有効である。また、生徒指導上極めて困難なケースでは、サポートチームにみられるような教育・医療・警察・福祉等との連携が強く求められている。このような場合、学校心理士が他の対人援助サービスの専門家と連携して取り組むことが効果的であるといわれている（八並、2005）。近年、個人情報保護法・児童虐待防止法・少年法・児童福祉法など関連法規などに関する理解や危機対応への理解も、実務上重要である。

4）生徒指導に関わる法律、施策、調査等の理解

　文部科学省は、生徒指導上の諸課題の現状を把握するため、毎年「児童生徒の問題行動・不登校等生徒指導上の諸課題に関する調査」を行い、その結果を公表している。この調査における調査事項は、学校における暴力行為、いじめ、長期欠席、中途退学、自殺及び教育相談の状況等となっている。平成29年度調査では、小・中・高等学校及び特別支援学校におけるいじめ認知件数が約41万件、小・中学校における不登校児童生徒数が約14万人となっており、いじめと不登校は、依然として大きな教育課題であることがわかる。

　いじめや不登校に関する近年の教育施策としては、いじめの防止と対応について、2013年に施行されたいじめ防止対策推進法に基づいて、国により「いじめ防止等のための基本的な方針（改訂）」や「いじめの重大事態の調査に関するガイドライン」が策定されている。また、不登校の対応について、

「不登校児童生徒への支援の在り方について（通知）」や「義務教育段階における普通教育に相当する教育の機会の確保等に関する基本指針」が通知・策定され、校種間の連携を図り、不登校児童生徒を支援するために、「児童生徒理解・支援シート」の作成と活用が進められている。

　学校教育に関わる学校心理士は、いじめの未然防止や対応、不登校の理解や援助などについて助言を求められたり、援助チームに関与したりする機会も多い。このため、学校心理士には、子どもや学校に関係する法律、施策、通知、調査などについても、よく理解しておくことが求められる。

(3)　生徒指導体制における諸問題

　生徒指導体制における諸問題とは何を示すのであろうか。本項では、学校心理士が同僚教師などとの連携に際して発生している根本的問題について説明する。それは、生徒指導体制の第一の前提となる教師集団の共通理解の問題、言い換えれば生徒指導におけるイメージの共有の問題である。この問題は、教師による指導力量の差異や指導への温度差も看過できないが、その背景には可視化できない根本的問題が隠れている。それは、生徒指導という用語の理解の問題である。例えば、生徒指導にはいわゆる事故対応が中心となった消極的目的と自己実現を中心にした積極的目的の二つがあるという考えがあるが、現職教師に生徒指導の授業を行っている犬塚（2002）は、現職教師が生徒指導に対してもつイメージが否定的イメージ（30%）、中立的イメージ（50%）、肯定的イメージ（19%）、に分かれることを報告している。生徒指導体制の必要性という合言葉とは別に、指導イメージに関する差異が予想されるのである（瀬戸、2006）。つまり受け止める教師によりどのような生徒指導の実践に軸足を置くのか異なっているのである。このような教師集団の指導イメージの差異を踏まえる必要がある。また、個別の学校の組織特性である「協働性」「情報共有」の程度や個々の教師の「被援助志向性」の程度を理解しながら、組織論的なアプローチにより、生徒指導体制を構築するのがポイントになるであろう（瀬戸、2007）。

3．学校教育相談の意義と内容

　石隈（1999）は、日本における心理教育的援助サービスの実践の代表的な
ものが学校教育相談であり、学校心理学と大変近い領域であると述べている。
一方、大野（1996）は、学校心理学は学校教育相談の理論化にとって有用な
枠組みを提供するものであり、学校教育相談との関連が極めて密接であると
述べている。このように、学校心理学と学校教育相談とは重なる部分が大き
い隣接領域である。

(1)　わが国における学校教育相談

　わが国の学校教育相談は、『生徒指導の手びき』（文部省、1965）に初めて
記されてから約50年の歴史がある。不登校やいじめなど、さまざまな児童生
徒の学校不適応に関する問題が社会的にクローズアップされる度に、その適
切な支援として注目され、その重要性も認識された。しかし、日常的な教育
活動としては十分な定着に至らなかった。そのため、多くの素晴らしい実践
家の実践知が効率的に蓄積されず、貴重な実践が雲散霧消する状況であった。

　そうしたなか、大野はわが国で初めて学校教育相談の理論化に取り組み、
学校教育相談の定義を示した。その定義は、「学校教育相談とは、児童生徒
の学習面、進路面、生活面の課題や問題、話題に対して、情緒的のみならず
情報的・評価的・道具的にもサポートをするため、実践家に共通の『軽快な
フットワーク、綿密なネットワーク、そして少々のヘッドワーク』を活動の
モットーに、『反省的実践家としての教師』というアイデンティティの下で、
すべての子どもにかかわり、早急な対応が必要な一部の子どもとしのぎ、問
題等が顕在化している特定の子どもをつなげ、そして、すべての子どもがも
っと逞しく成長・発達し、社会に向かって巣立っていけるように、学校とい
う時空間をたがやす、チームによる実践的な指導・援助活動である」（大野、
1998）である。

　これは、学校教育相談の包括的な捉え方（指導・援助の対象と担当、領域と
焦点、水準と方法、および目的）を明確にしたものである。これにより混沌と

していた学校教育相談の活動の位置付けや全体像が整理された。これを契機に学校教育相談に関する議論が深化・活発化し、その活動および定着が促進された。

　他の学校教育相談の定義として、日本学校教育相談学会（2006）は、「教師が児童生徒最優先の姿勢に徹し、児童生徒の健全な成長・発達を目指し、的確に指導・支援すること」と定義している。大野（1998）との相違点は、大野が「学校教育相談（School Counseling Services by Teachers in Japan）」という固有性をもつ語として定義したのに対し、学会は「学校における教育相談」として定義したことである。

(2)　学校教育相談の意義

　大野（1996）は、学校教育相談の実践を三つの類型に整理している。1対1の治療的活動が中心である「ミニ・クリニック論」、学校教育相談を生徒指導の機能の中に組み込む「生徒指導機能論」、カウンセリングの神髄を教師の基本姿勢とする「カウンセリング・マインド論」である。

　こうした段階における学校教育相談の実践の意義は次の通りであった。

　①　真摯な治療的活動として、苦戦していた児童生徒を支援した。

　②　従来の管理的訓育的指導に、個別的受容的支援の機能を補完した。

　③　学校教育相談を学校教育の中心的な領域に定立させた。

　次に、学校教育相談の理論化、及びそれ以降の様々な議論を経た現段階（発展途上）での意義は次の通りである。

　①　一人ひとりの児童生徒に応じた教育的支援の一つのアプローチを示す。

　②　教育的支援の対象、領域、水準、及び方法等を示す。

　③　教育的支援における教師の貢献と役割を示す。

　④　教育的支援におけるチームによる指導・援助の重要性を示す。

　⑤　教育的支援に関して議論する共通の枠組みを提供する。

(3)　学校教育相談の内容

1）学校教育相談活動の全体像

学校教育相談活動の全体的な枠組み（図10-2）は、相談、推進、組織、評価の4活動とそれらの統合活動からなる（大野、1996）。以下、相談活動と推進活動について整理しておく。

図10-2　学校教育相談活動の全体的な枠組み

［相談活動］

・カウンセリング（個別相談や危機介入、アセスメントなど）

・コンサルティング（担任、係［分掌］、保護者への協力・助言・協働など）

・コーディネイティング（校内外の人的物的資源との連携・調整など）

・相談室の管理・運営（備品や記録等の保管・管理や相談担当者の決定など）

・その他（当面する生徒指導上の課題の調査・研究・提言など）

［推進活動］

・相談活動の計画・立案（年間計画、事業・設備費等の予算案の作成など）

・校内研修会の企画・運営（企画、渉外、広報、運営、評価など）

・相談関係情報の提供（文献や資料の収集・配付、校外研修会の案内など）

・相談に係る広報・調査・研究（通信の発行、アンケート調査、研究など）

・その他（円滑な担当者交代の準備、地域との交流、次年度への展望など）

2）学校教育相談の機能

　学校教育相談の機能には、次の4機能（図10-3）がある（大野、1998）。

「かかわる」：狭義のカウンセリング（個別的支援）のみではなく、SGE等のグループワークやSST等のスキル教育など集団へ心理教育をも含む予防的開発的な機能である。

「しのぐ」：情緒的な混乱に陥っている児童生徒へ適切な支援を行い、以前の

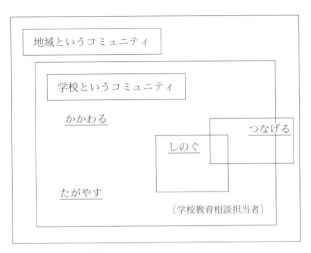

図 10-3　学校教育相談活動の機能（大野、1998）

安定した状態に戻す危機介入の機能である。

「つなげる」：狭義の治療的なカウンセリング等の必要が出た場合、校内外の
　　分掌や専門機関等と連携・協働する機能である。

「たがやす」：「しのぐ」「つなげる」必要のある児童生徒にとっても、すべて
　　の児童生徒にとっても豊かで適合的な環境（指導・援助システム、カリキュ
　　ラム、施設・設備等）を学校内外に創る機能である。

4．キャリア教育の意義と内容

(1)　進路指導からキャリア教育へ

　近年、進路指導からキャリア教育への流れが見られる。進路指導とは、
「生徒の個人指導、進路情報、啓発的経験および相談を通して、生徒自ら、
将来の進路の選択・計画をし、就職または進学して、さらにその後の生活に
によりよく適応し、進歩する能力を伸張するように、教師が組織的・継続的に
指導・援助する過程」（文部省、1961）を言う。一方、キャリア教育とは、
「一人一人の社会的・職業的自立に向け、必要な基盤となる能力や態度を育

てることを通して、キャリア発達を促す教育」であり、キャリア発達とは「社会の中で自分の役割を果たしながら、自分らしい生き方を実現していく過程」を言う（中央教育審議会、2011）。進路指導とキャリア教育は概念的にはほぼ同じであるが、前者が実質的に中学校と高等学校に限定されていたのに対し、後者は就学前及び小学校から大学や短期大学までも含めた段階での教育活動を意味している点が大きな違いであり（文部科学省、2011）、取組の時期に関する視点がより広範囲になっている。

　こうした変化の背景には、少子高齢社会の到来や就職・就労をめぐる社会環境の変化と、一方で就職も進学もしないフリーター志向に代表される若者の勤労観や職業観の未発達、あるいはモラトリアム傾向の広がりなど精神的・社会的自立の遅れなどがある。よってキャリア教育には、子どもの発達段階に合わせてキャリア発達を促し、各人が社会との関わりの中で自立ができるように、これまでの教育の在り方を見直していくための教育改革の理念と方向性を示すものという意義がある。

(2)　キャリア教育を支える理論

　キャリア教育の基礎となる理論の一つが、スーパー（Super, D.E.）による職業的発達理論（Super、1957）である。これは、職業生活の諸段階、自己概念理論、職業的成熟理論からなり、特に自己概念についてその形成と実現（職業的自己実現）に注目した点が特徴といえる。職業に関する課題を、職業選択という一時点にとどめたり、そのための準備期間だけを重視したりするのではなく、生涯にわたる発達過程として捉えている点が特徴である。

　なお、キャリア発達において、個人の能力や興味などの特性と職業が求める要因との適合が重要な課題であることに変わりはない。パーソンズ（Parsons, F.）に代表される特性―因子理論はこの点を重視している。

　また、ホランド（Holland, J.L.）の理論は、人格を類型化し、各類型に適合した職業分野を見出すことを試みており、これにもとづく職業興味検査（VPI：Vocational Preference Inventory）が開発されている。類型は現実型、

研究型、芸術型、社会型、企業型、慣習型の六つである。大学生以上が対象の検査であるが、自己理解の促進とそれにもとづく個別支援には、有効な理論とツールとなっている。

(3) **学校におけるキャリア教育の進め方**

キャリア教育の視点からは、学校教育では子どもの社会的・職業的自立を目指して、学校から社会・職業への円滑な移行に必要な力を身に着けさせることが求められる。その際に必要な力の"要素"は、図10-4のように示されている。この中でも特に、四つの基礎的・汎用的能力（表10-1）の育成が必要とされている。進学や就職が強く意識される中学校や高等学校段階だけでなく、小学校段階から組織的・系統的な取り組みが求められている。

キャリア教育の中で指導的側面が強い教育活動がキャリア・ガイダンス（5(2)参照）と呼ばれており、これには系統的・計画的な取り組みが必要である。キャリア教育推進の具体的な手順としては、①育てたい児童生徒像の明

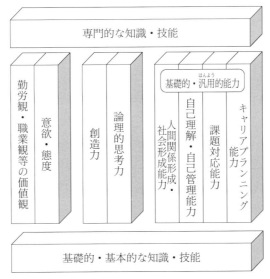

図10-4 「社会的・職業的自立、社会・職業への円滑な移行に必要な力」の要素

表 10-1　基礎的・汎用的能力の内容

人間関係形成・社会形成能力 　多様な他者の考えや立場を理解し、相手の意見を聴いて自分の考えを正確に伝えることができるとともに、自分の置かれている状況を受け止め、役割を果たしつつ他者と協力・協働して社会に参画し、今後の社会を積極的に形成することができる力
自己理解・自己管理能力 　自分が「できること」「意義を感じること」「したいこと」について、社会との相互関係を保ちつつ、今後の自分自身の可能性を含めた肯定的な理解に基づき主体的に行動すると同時に、自らの思考や感情を律し、かつ、今後の成長のために進んで学ぼうとする力
課題対応能力 　仕事をする上での様々な課題を発見・分析し、適切な計画を立ててその課題を処理し、解決することができる力
キャリアプランニング能力 　「働くこと」の意義を理解し、自らが果たすべき様々な立場や役割との関連を踏まえて「働くこと」を位置付け、多様な生き方に関する様々な情報を適切に取捨選択・活用しながら、自ら主体的に判断してキャリアを形成していく力

（中央教育審議会、2011）

確化、②学校教育目標や教育方針等へのキャリア教育の位置づけ、③組織としてのキャリア教育推進委員会（仮称）の設置、④キャリア教育についての共通理解を図るための校内研修、⑤教育課程の見直しと改善、⑥キャリア教育の実践、⑦家庭や地域への啓発、⑧評価と改善があげられる（文部科学省、2006）。

　こうした手順に従って取り組みを進めるために、中学校や高等学校等では進路指導主事が置かれており、キャリア教育に関する事項（学校教育法施行規則では「職業選択の指導その他の進路の指導に関する事項」）をつかさどり、それらについて連絡調整や校内の指導・助言を行うことになっている。小学校においてもしかるべき担当者（例：キャリア教育推進係）を中心に、キャリア教育を推進する必要がある。

5．キャリア教育の具体的な展開

(1) キャリア教育の特色と重点

　学校心理士としてキャリア教育を推進、実践していくためには、従来の進路指導とは異なるキャリア教育の特色を理解しておくことが大切である。

　従来の進路指導は、①教師の個人理解・生徒の自己理解、②進路情報の収集と活用、③啓発的経験（職場体験等）、④進路相談、⑤進路の選択・決定への指導・援助、⑥追指導（進学・就職後のフォローアップ）の六つの活動を通して、教師が組織的、計画的に指導・援助する過程として、主に中学校・高等学校で展開されてきた。進路指導は「過程」主義を唱えているが、現実は、進学・就職前の最終学年に集中した進路決定に関わるプレースメント（職業斡旋）指導や出口指導が中心であったことは否めない（仙﨑他、2008を参照）。この観点から、小学校においては進路指導はなじまず、実質的に対象外であったといえる。

　それに対して、キャリア教育は、児童生徒一人ひとりの発達段階に応じて、計画的・段階的に、望ましい勤労観・職業観の形成を促進し、キャリア形成に必要な具体的なコンピテンシーに基礎をおく「キャリア発達の支援であり、社会的自立に向けた『生きる力』の育成」（三川、2008）である。すなわち、学校教育を想定した場合、キャリア教育は幼稚園・小学校・中学校・高等学校・大学と連続性と発展性をもち、すべての児童生徒の学校から社会へのスムーズな移行（School To Work）を援助する。学校心理士が行うキャリア教育の提供サービスの重点は、①授業や体験的活動を通したキャリア・ガイダンス、②児童生徒一人ひとりに対する個別のキャリア・カウンセリング、③学校から社会への移行を援助する個別のキャリア移行計画の作成にある。

(2) キャリア・ガイダンス

　学校心理士有資格者が担う業務として、4領域8能力に基づくキャリア・ガイダンス・カリキュラムのマネジメント（山崎、2006）があげられる。このカリキュラム・マネジメントは、〔カリキュラムの教育目標の設定→具体

的カリキュラムの開発→全体計画や年間指導計画の策定→カリキュラムの実施→カリキュラムの評価→カリキュラムの修正・改善〕というシステマティックなプロセスである。

　具体的にいえば、①自校の児童生徒のキャリア発達の程度や実態把握をするための調査や検査を行い、キャリア発達に関するアセスメントデータを収集・分析し、カリキュラムの教育目標を設定する。②教育目標にそったカリキュラムの開発を行う。③キャリア教育の全体計画と年間指導計画を策定する。同時に、教科・道徳・特別活動・総合的な学習の時間などで活用可能なモデル指導案を提供する。④学校・教育委員会・家庭・地域・関係機関等と連携しながらカリキュラムを実施する。⑤学期末や学年末にカリキュラムの総括的評価を実施する。その際、カリキュラムの教育効果を測定する調査や検査を実施し、客観的な効果検証を行う。⑥次期実施に向けての課題を特定する。

　学校心理士有資格者のキャリア教育担当者（進路指導主事を含む）、スクールカウンセラー、キャリア・カウンセラーは、今後のキャリア教育の深化に伴いキャリア・ガイダンス・カリキュラム・マネジャとしての役割を担っていくことになる。

⑶　**キャリア・カウンセリング**

　学校におけるキャリア・カウンセリングは、「発達過程にある一人一人の子どもたちが、個人差や特徴を生かして、学校生活における様々な体験を前向きに受け止め、日々の生活で遭遇する課題や問題を積極的・建設的に解決していくことを通して、問題対処の力や態度を発達させ、自立的に生きていけるように支援すること」（国立教育政策研究所生徒指導研究センター、2010）を目指している。

　キャリア・カウンセリングは、児童生徒の進路の選択・決定時の定期の進路相談という限定的な相談活動ではなく、広く児童生徒の現在と未来にかかわる悩みや問題と関連して個別的・随時的に実施される。たとえば、いじめ

を原因とする不登校児童生徒や発達障害に伴う二次障害としての不登校は、生徒指導の問題だけでなく、まさに進路問題であるといえる。したがって、学校心理士の行うキャリア・カウンセリングでは、アセスメントを実施し、アセスメントデータに基づく個別の指導計画（個別援助計画）を作成し、必要に応じた援助チームを編成し、チーム援助による問題解決を図る。

⑷　個別のキャリア移行計画

　すべての児童生徒の学校から学校、学校から社会へのスムーズな移行を援助するには、児童生徒や保護者と一緒に、個別のキャリア移行計画を作成する。特別なニーズをもつ児童生徒については、特別支援教育コーディネーターと連携して、個別移行支援計画（全国特別支援学校知的障害教育校長会、2010）を作成する。

6．引用文献

中央教育審議会　1999　今後の初等中等教育と高等教育の接続の改善について（答申）

中央教育審議会　2011　今後の学校におけるキャリア教育・職業教育の在り方について（答申）

犬塚文雄　2002　生徒指導の機能統合に関する一試論―「臨床生徒指導」の観点から　生徒指導学研究　10，59-72．

石隈利紀　1999　学校心理学　誠信書房

国立教育政策研究所生徒指導研究センター　2010　「キャリア教育」資料集―文部科学省・国立教育政策研究所―　研究・報告書・手引編〔平成21年度　増補版〕

三川俊樹　2008　キャリア教育と進路指導　日本キャリア教育学会（編）キャリア教育概説　東洋館出版社

文部科学省　2010　生徒指導提要　教育図書

文部科学省　2011　中学校　キャリア教育の手引き

文部科学省　2018　小学校学習指導要領（平成29年告示）　東洋館出版社

文部科学省　2018　中学校学習指導要領（平成29年告示）　東洋館出版社

文部科学省　2018　平成29年度「児童生徒の問題行動・不登校等生徒指導上の諸課題に関する調査」結果

文部省　1961　中学校進路指導の手びき（学級担任編）

日本学校教育相談学会（編）　2006　学校教育相談ハンドブック　ほんの森出版　p.17.

大野精一　1996　学校教育相談―理論化の試み　ほんの森出版

大野精一　1998　学校教育相談の定義について　教育心理学年報　37, 153-159.

仙﨑武・藤田晃之・三村隆男・鹿嶋研之介・池場望・下村英雄（編）　2008　教育再生のためのグランド・レビュー　キャリア教育の系譜と展開　社団法人　雇用問題研究会

瀬戸健一　2006　消極的生徒指導と積極的生徒指導の検討の試み―生徒指導連絡協議会に参加した教師の認識に着目して―　学校心理学研究　6(1), 53-65.

瀬戸健一　2007　高校教師の協働に関する研究―不登校生徒へのチーム援助に着目して―　コミュニティ心理学研究　10(2), 186-197.

Super, D.E. 1957 The psychology of careers. Harper.（日本職業指導学会（訳）　1960　職業生活の心理学　誠信書房）

山口豊一（編）　石隈利紀（監修）　2005　学校心理学が変える新しい生徒指導―一人ひとりの援助ニーズに応じたサポートをめざして―　学事出版

山崎保寿（編）　2006　キャリア教育で働く意識を高める　小・中学校場面別導入例　学事出版

八並光俊　2005　応用実践期におけるチーム援助研究の動向と課題―チーム援助の社会的ニーズと生徒指導の関連から―　教育心理学年報　45, 125-131.

八並光俊　2012　生徒指導の専門化と専業化に伴う生徒指導担当者の役割　宇田光・八並光俊・山口豊一（編）　学校心理学入門シリーズ4　臨床生徒指導：応用編　ナカニシヤ出版　pp.1-8.

八並光俊・國分康孝（編）　2008　新生徒指導ガイド　開発・予防・解決的な教育モデルによる発達援助　図書文化社

全国特別支援学校知的障害教育校長会（編）　2010　特別支援教育のためのキャリア教育の手引き―特別支援教育とキャリア発達―　ジアース教育新社

7．参考図書

経済産業省（編）　2010　社会人基礎力育成の手引き―日本の将来を託す若者を育てるために　学校法人河合塾

　　社会人基礎力とは、職場や地域で活躍する上で必要となる力であり、3つの力と12の能力要素で構成されている。主に大学での社会人基礎力の育成に焦点があり、その導入方法や評価方法、実践事例が述べられている。

小泉令三（編著）　2010　よくわかる生徒指導・キャリア教育　ミネルヴァ書房

　　学校教育で行われている生徒指導や進路指導（キャリア教育）の基礎的な事項を学びたい、あるいはこれらの領域での最近の動向を知りたいという人のための入門書である。

文部科学省　2011　小学校キャリア教育の手引き＜改訂版＞　教育出版

　　本書は、小学校におけるキャリア教育の意義・目標・組織・計画等について、理論的かつ具体的に示されている。平成23年に中央教育審議会で提示された「基礎的・汎用的能力」にも言及している。

大野精一　1996　学校教育相談―理論化の試み　ほんの森出版

　　我が国における学校教育相談の実践史を総括するとともに、隣接領域の動向を踏まえ、学校教育相談の概念規定を提案し、将来展望を示した貴重

な文献である。学校教育相談を学ぶ上での必読の書である。

瀬戸健一　2010　協働的指導のための実践テキスト―エピソードから学ぶ生徒指導―　風間書房

　　本書は、学校心理士が「生徒指導体制」を構築する場合、いくつかの観点を提供してくれる。一例として、学校組織（フラット組織）の特性、リーダーシップ、同僚教師の理解、個々の組織観のモニタリングの必要性などが参考になる。

八並光俊・國分康孝（編）　2008　新生徒指導ガイド―開発・予防・解決的な教育モデルによる発達援助　図書文化社

　　本書は、アメリカのスクールカウンセリングや学校心理学を基盤とした生徒指導に関する理論的・実践的学術書である。文部科学省の『生徒指導提要』とともに必読書である。

■課題とキーワード（＊）

⑴　生徒指導とは

　生徒指導の定義をふまえて学校教育における機能や領域を明確にするとともに、生徒指導を学校心理学の立場（一次・二次・三次的援助サービス）から構造的に把握することができる。

＊生徒指導の定義、総合的・実践的・個別的な生徒指導、予防・早期発見・介入、開発的生徒指導、予防的生徒指導、治療的生徒指導

⑵　生徒指導の体制と諸問題

　学校における生徒指導はコラボレーションで行われるので、学校内外での各種の援助資源をその特性に応じて具体的に把握できるとともに、その実践的な展開で配慮すべきポイントを明確にできる。

＊生徒指導の組織、生徒指導主事、学級経営、協働的生徒指導体制、全体計画、年間指導計画、問題行動への対応、危機管理、チーム援助、サポートチーム、少年法、児童生徒理解・支援シート

(3)　教育相談の意義と内容

　カウンセリングと区別して学校における教育相談（学校教育相談）の意義と特質を把握できるとともに、その実践的な展開に必要不可欠な教育相談担当者や生徒指導、専門機関等とのコラボレーションのあり方を明確にできる。

＊教育相談の意義、教育相談担当の役割、教育相談体制、生徒理解、教育相談技法、スクールカウンセラーの運用、関係機関等との行動連携、教育相談研修、個人情報保護

(4)　キャリア教育の意義と内容

　キャリアの概念やそれをふまえたキャリア教育の意義と特質を把握できるとともに、キャリアカウンセリングを展開する基礎としてスーパー（Super, D.E.）やホランド（Holland, J.L.）等の代表的な理論を理解できる。

＊キャリア教育の意義、キャリア教育の定義、職業観・勤労観の育成、キャリア発達、人間関係形成能力、情報活用能力、将来設計能力、意思決定能力、進路指導主事の役割、系統的・計画的なキャリアガイダンス

(5)　キャリア教育の具体的な展開

　キャリアにかかわる各種の発達的プログラムに基づき学校におけるキャリア教育の計画と実践に必要不可欠なポイントを明確化できるとともに、それに即して個々の児童生徒に対して必要な援助サービスを行うことができる。

＊キャリアカウンセリングの意義、個人理解（生徒理解・自己理解）、キャリア情報の提供、個別のキャリア計画、移行（トランジッション）支援

第11章　学校危機対応

1. 危機対応の基本

(1) 学校安全の取組みと学校危機

　児童生徒の学力や社会性の向上等の心理的側面と体の発育や体力の向上等の身体的側面が調和的に発達するため、学校は安全で安心できる場所でなければならない。しかし、時として、学校において凄惨な事件や事故が発生し、また自然災害により学校運営に支障をきたす事態が発生する。この状況を学校危機（school crisis）と呼び、学校は特別な備えや対応が求められる。

　学校危機には、学校で発生した事案だけでなく、児童生徒の個人的な事柄や地域社会における出来事からの影響を受け、緊急対応が必要な状態になる場合も含まれる。上地（2003）は、これらを個人レベル、学校レベルおよび地域社会のレベルに分類した（表11-1）。

表 11-1　学校危機の内容の分類（上地、2003より作成）

危機のレベル	具体的内容	危機対応
個人レベル	不登校、家出、虐待、性的被害、家庭崩壊、自殺企図、病気など	教師や保護者および専門家などによる当該児童生徒および教職員への個別的危機対応
学校レベル	いじめ、学級崩壊、校内暴力、校内事故、集団薬物乱用、集団食中毒、教師バーンアウトなど	学校の教職員、児童生徒、保護者を含めた全体の協力体制の下での危機対応
地域社会レベル	殺傷事件、自然災害、火災（放火）、公害、誘拐・脅迫事件、窃盗・暴力事件、IT被害、教師の不祥事など	学外の救援専門機関や地域社会の人々との迅速な連携の下に支援の要請が必要

(2) 危機対応

　学校危機管理について、事件・事故を回避し、災害からの影響を緩和するための学校が取組むリスク・マネジメントと、事件・事故、災害が発生した

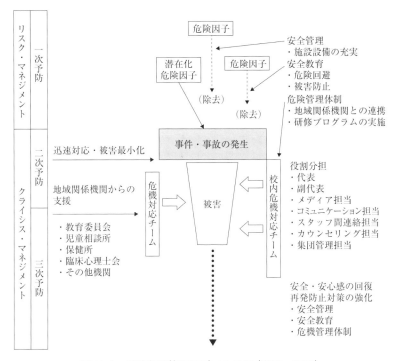

図11-1　学校危機管理のプロセス例（瀧野、2004）

直後から、被害を最小化し、早期回復へ向けた中長期にわたる取組みとしてのクライシス・マネジメントに分けて概要を図示した（図11-1）。

1）リスク・マネジメント

①　一次予防

　リスク・マネジメントは、過去に発生した事故や事件、自然災害を踏まえ、それらの教訓を生かして事故・事件の発生を未然に防ぎ、災害からの影響を回避、緩和するための様々な取組みであり、一次予防と呼ばれる。学校安全計画にもとづき、学校環境の整備のための安全管理、児童生徒が危険への感受性を高め、被害にあわないように回避し、自分の身を守るように自律的に安全行動を選択できるよう指導する安全教育、実際の危機対応を想定したシ

177

表 11-2　危機対応チームの役割例（Schonfeld ら、2002）

①代表(校長)	チームのミーティングを進行し、チームの活動を統括
②副代表(教頭・副校長)	代表を補佐し、チームの活動状況を記録
③メディア(教務)	マスコミからの問い合わせの対応窓口、教職員、児童生徒、保護者への連絡・報告、報道発表の担当
④コミュニケーション(総務)	校内のすべての連絡を担当、保護者への連絡担当、外線電話の記録
⑤スタッフ間連絡(事務)	教職員の電話連絡網作成し連絡方法の整備
⑥カウンセリング(保健)	カウンセリングが必要な児童生徒の特定、カウンセラーとの打合せとスーパービジョン、相談室利用の優先順位の検討
⑦集団管理(生徒指導)	児童生徒や教職員の移動、来校者の管理

ミュレーション訓練などの組織活動として実践される。訓練は、危機対応マニュアルにもとづき、例えば、表 11-2 のように教職員の役割分担を決め、チームで対応することを確認する。学校心理士には、家庭・地域・関係機関等との連携を含めた危機管理体制の整備状況をアセスメントし、校内体制への提案や組織的取組みを推進する担い手として期待される。

2）クライシス・マネジメント

① 二次予防

　安全管理や安全教育といった一次予防の取組みを進めていたにもかかわらず、学校に危機事態が発生した場合や災害による影響が及んだ際には、学校運営と心のケアに関して迅速で適切な介入を行い、被害を拡大せず最小限にとどめる対応が必要になる。こうした初期の対応や早期の介入を、二次予防と呼び、迅速に応急手当などを行い、被害の最小化、安全な状況への早期の回復を目標とする。学校運営面では、危機対応の方針を決め、日常性の回復に努める。また、心理面の緊急対応としては、PFA（Psychological First Aid）などの考え方をもとに、安全や安心を確保しながら、情報提供や心理教育を実施し、二次被害の予防に努める。

PFA とは、心のケアのための基本的な対応法を含めた心理的支援のマニュアルであり、被害者や被災者に初期段階で接する人たちが身につけることが望ましい基本的態度と知識について解説する（National Child Traumatic Stress Network and National Center for PTSD、2006）。安全と安心を確立し、回復に関する援助資源（組織や機関、周囲の人々との関わり）と連携し、心理教育、情報提供、ストレスの軽減、対処の仕方を教える。そして、援助が必要な場合に適切なサービスの紹介や継続的な支援者への引き継ぎを目指す。PFA の対象は、児童から成人まで幅広く設定されているが、学校向けも開発されている（大阪教育大学学校危機メンタルサポートセンター、2011；Brymer 他、2012）。

　心理教育は、まず、児童生徒や保護者に対応する教職員向けに実施し、災害や事件・事故後の子どもの一般的な反応と具体的な対応について解説する。心的外傷体験によって安心感や安全感が失われること、心身面の変調は事件・事故直後にはしばしば見られる正常な反応であること、子どもによって受けとめ方に差があること、時間の経過とともに症状は軽減していくことを学び、適切な理解や対応が可能となる。そして、研修を受けた教職員が児童生徒や保護者に説明することで安心感をもたらす。

　心理教育にかかわる資料は、日本学校心理士会のホームページの「子ども・学校危機支援チーム」に、参考マニュアルとして心理教育に関する資料が多数掲載されており、参照して活用されたい。

　とりわけ災害時の二次予防に関して、学校管理下の取組みとして、「落ちてこない・倒れてこない・移動してこない」場所への移動で安全確保、引渡し等の保護者対応、避難所協力などを想定する。学校管理外の場合には、児童生徒、教職員の安否確認、被災状況、避難先、今後の連絡先や継続的な連絡について確認が必要である。

　さらに、障害のある児童生徒への対応について、事前に一人一人の障害を理解し把握するとともに、児童生徒の特性に応じた危機管理マニュアルの作

成、障害の状態や特性に配慮した安全教育を予め実施しておくことが必要である。また、帰宅が困難になった際に備え、食事や常用する医薬品の確保や医療的ケアの想定をしておく必要がある。

　以上のように、二次予防では、事前の想定をもとにした練習や訓練、機材等の準備をしておくことが必要である。学校心理士は、緊急時の学校運営に関わり、PFA や心理教育について習熟し、事前の準備から直後の対応までをリードする存在でありたい。

② 三次予防

　被害からの回復に向けた中長期にわたる継続的支援を三次予防と呼び、再発防止と円滑な回復にむけた支援を目標にする。児童生徒への直接的な支援に加え、援助資源をつなぐコーディネーターの役割が重要である。校内での役職にもよるが、コーディネーターにはおおむね次のような役割が期待される。

　校内の事情や状況について詳しく、対応についての判断がつき，保護者に納得してもらえるような説明ができる一定の管理責任のある教職員であり、児童生徒、教職員、保護者とコミュニケーションをとり、ニーズやその変化を見きわめ、スクールカウンセラーやスクールソーシャルワーカーと協働、外部専門機関との連携、福祉領域との連携をすすめ、チームの取組みを他の教職員と情報共有することができる。コーディネーターを中心とした中学校における組織の一例を図 11-2 に示した。

　さらに、再発防止に向け、安全管理、安全教育、組織活動への取組みを強化する必要があり、その中では、教訓を生かした防災教育を心理面に配慮しながら安全で着実に実施することも重要である（瀧野、2013）。あわせて、回復に向け、児童生徒のレジリエンスに着目し、伸ばし、育てる役割も学校心理士に期待される。

　以上のような危機対応の進め方をもとに、学校心理士には、おかれているそれぞれの立場や役割のなかで、支援者として自分に何ができるのかを認識し、コーディネーターとしてどのように援助資源につなぐかを考え、次に想

180

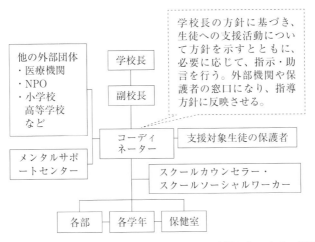

学校長の方針に基づき、生徒への支援活動について方針を示すとともに、必要に応じて、指示・助言を行う。外部機関や保護者の窓口になり、指導方針に反映させる。

他の外部団体
・医療機関
・NPO
・小学校
　高等学校
　など

学校長

副校長

コーディネーター

支援対象生徒の保護者

メンタルサポートセンター

スクールカウンセラー・
スクールソーシャルワーカー

各部　　各学年　　保健室

図 11-2　コーディネーターを中心とした生徒の情報共有のための組織例
（瀧野、2011より作成）

定される危機事案に向けた準備や研鑽を重ねておくことが期待される。

2．児童生徒への支援

　災害や危機は、子どもたちにとっては忘れられないほど衝撃的な体験となる。危険な洪水や津波、台風や地震、凶悪な事件などを経験することは、大人にとっても恐ろしいことであるが、身近な環境（自宅や地域）が破壊されると、心身ともに長期的に悲惨な状態に陥ってしまうことがある。被害が地域全体に及んだ場合、子ども達の安全や正常な状態は徐々に損なわれていく。このような緊急事態において気をつけなければならないことは、日頃からの事前の準備である。しかし、突然に襲いかかる災害や児童生徒の死亡事案など、特に自宅や地域が破壊された場合や家族や友人などが不慮の死を迎えた時のトラウマや感情的な反応を和らげる子どもへの支援について考える。

(1)　子どもたちへの支援の基本

　子どもたちは、身近な脅威が去った後、どのように対処したらよいかとい

うことを身近にいる大人の行動をモデルにして学ぼうとする。そのため、保護者、教師、その他周囲の大人は、落ち着いて行動し、子どもたちに「大丈夫だよ」と安心させることでその役割を果たす。このような災害や事件、事故直後の対応が大切であり、効果的な対処方法を教えることや援助し合う関係を築くこと、また、子ども自身が自分たちの反応を理解する手助けをすることが必要になる。

　危機的状況に対処する過程においては、安全で馴染みのある環境のなかでの支援を提供できるという点で、学校は大切な役割を果たすことができる。見守ってくれる大人からの援助が得られる環境にいることが助けとなり、子どもたちも通常の活動に戻ることができるようになる。学校の教職員も子どもたちにできる限り寄り添い、援助することで、恐ろしい出来事を学習経験に変える機会を提供することもできる。

　地震や洪水などの災害が発生した時、学校はその地域の避難所となることが多い。教職員は、自身が被災者でありながらも、被災した児童生徒、保護者、地域住民の支援も考慮しなければならない。災害や事件自体は短い期間で収束しても、被災者は、数ヶ月、または数年もの間、その災害の後遺症に悩まされる場合がある。したがって、学校における「危機対応チーム」（管理職、教務主任、生徒指導主事、教育相談担当、養護教諭、特別支援コーディネーター、スクールカウンセラーなどで構成される）は、地域の自治体や都道府県、国や地域の関係機関と協働し、災害や事件で影響を受けた子どもたちや家族、地域のたくさんのニーズに応えることが必要となる。危機に遭遇した人々は、多くの機関や他の人々とのやり取りが必要になり、しかも、災害や事件の影響から回復するのには時間を要する。しかし、入念な準備や早期の適切な対応によって人々の対処能力や回復力を高めることが可能になる。

(2)　子どもたちが示す反応とその対応

　災害や事件に遭遇した時に子どもたちが示す反応の程度は、一人一人のリスクファクター（困難な要因）によるところが大きい。リスクファクターに

は、災害や事件の深刻さのほかに、家族や愛する人々がけがをしたり、亡くなったりした経験、保護者からのサポートの程度、自宅や地域からの避難による退去、周りの環境の物理的損壊の程度、既にもっている困難さ（例えば、過去の外傷的体験や精神疾患など）が挙げられる。もし、子どもが、著しい行動の変化を見せたり、以下に挙げる症状を長期にわたって示す場合には、専門機関につなぐ必要がある。

- 就学前の子どもたち：指しゃぶり、おねしょ、保護者へのまとわりつき、睡眠障害、食欲減退、暗闇の恐怖、行動の退行、友だちや日常生活からの引きこもりなど。
- 小学生：イライラ、攻撃的言動、まとわりつき、悪夢、不登校、集中力の低下、友だちや日常生活からの引きこもりなど。
- 中学・高校生：睡眠や食欲の乱れ、動揺、衝突（対立場面）の増加、身体症状の訴え、非行、集中力の低下など。

その他に、心的外傷後ストレス障害（PTSD）のリスクがある子どもたちが一定数いることも考えられる。それらの症状には、上記に加え、遊びや夢の中で災害を再体験したり、災害が再発する不安や予感にさいなまされたり、災害を思い出すものを回避したり、感情的な話に無感覚になったり、集中力を保てない、驚愕反応を示すといった症状を頻繁に起こすことなどが挙げられる。まれではあるが、PTSDやうつ病などの重い精神疾患を患う子どもたちの中には自殺のリスクが高まるケースもある。改めて、周囲の大人はこれらの症状を示す子どもたちに専門的な援助の機会につなげる役割を果たさなければならない。

⑶　**保護者や教職員からの援助**

災害や事件後、すぐに行うことと長期的に行うこと、個別に対応することと集団に対応することなど、学校は教職員が一体となって取り組むことが求められる。ここでは、災害や事件後、すぐに子どもたちを支援することを中心に整理する。

① 落ち着いて、子どもたちを安心させ続ける

　幼い子どもたちは周囲の大人の姿をモデルにする。犠牲者や被害の状況について子どもたちにも知らせるが、地域の人が努力して立て直しや片付けをしていることを強調することが大切である。家族や友人が子どもたちを守り、もとの生活に戻るようにすることを可能な限り約束する。

② 子どもたちの気持ちを受けとめ、正常な反応であることを伝える

　子どもたちに自分の気持ち、心配、不安について話してもいいと伝える。この災害や事件・事故に関する質問を自由にさせる。大人側が聞く準備があることと無理に話をさせたりしないことを伝える。子どもの気持ちを無理に聞き出すことは避けなくてはならない。辛い感情の表現には個人差があることにも留意することが必要である。傾聴し、共感することをこころがける。この共感的傾聴が非常に重要である。子どもたちに「それらの反応は正常であり、このような状況で起こりうる反応である」ことを伝えることが大切である。

③ 子どもたちに災害や事件・事故に関することを話す機会の設定

　子どもたちが安全で受け入れられている環境で、自分の経験を話す機会を設定する。子どもたちが経験を話し合えるような活動を提供する。活動とは言葉や言葉以外の方法、例えば、描画、物語や演劇、音声や音楽、ビデオ録画など様々な活動を組みあわせる。また、子どもたちの発話をまとめることや活動についての援助が必要であれば、スクールカウンセラーらに協力を求めることも必要である。

④ 肯定的対処スキルや問題解決スキルの活用をすすめる

　災害や事件によるストレスに対する問題解決のスキルやリラクゼーション方法を、子どもたちに分かるように教える活動が必要である。子どもたちが不安に対処し、それぞれの状況にあった現実的で肯定的な対処方法を身に付けられるように支援する。

⑤ 子どもたちの回復力（レジリエンス）を強調する

子どもたちの強い回復力に焦点を当てる。子どもたちはこれまでにも怖かったり、混乱したりした経験があるが、その時々に上手に対処してきており、今回もそれと同じであるとわかるように援助する。例えば、災害や事件に遭い、復興した地域や事例に関心を向けさせることが有効である。

⑥　子どもたちの関係やピアサポート（友だち同士の支えあい）をすすめる

　他者からの心理的サポートが得られる子どもたちは、困難を乗り越えることが可能となり易い。子どもたちが仲間とつながることによって、孤立を減らし、困難を乗り越える方法について話し合う機会になる。自然災害などでは、家族の転居により友だち同士が離ればなれになることがある。保護者自身が被災して疲れ果て、家庭で子どもたちを支えられないケースもある。そうした場合には、受け入れた学校では、子どもたちが小集団で協力するような活動や仲間とのサポート関係を強化する支援が必要になる。

⑦　援助者自身のニーズを大切にする

　教職員や保護者の方々も子どもたちへの支援だけでなく、自身のための時間をとり、事態に対する自らの反応に出来るだけ対処し、よいコンディションを保つことが大切である。自分にうまく対処することが出来た場合は、さらに適切に子どもたちを援助することができる。もしあなた自身の不安や混乱が大きい場合は、家族や友人、カウンセラーなどの他の大人に話すことなど、支援を得ておくことが必要である。あなた一人で恐怖や不安を抱えて、あれこれ悩まないことが大切である。気持ちを他者と共有することで安心し、つながりを実感することができる。身体の健康を管理するとともに、短時間でもあなた自身の楽しめる時間をつくることが危機支援には求められる。

３．保護者支援

(1)　学校危機における保護者支援

　危機後の保護者支援においては、危機という非日常性の中で起こっていること（危機による心身の反応等）に対して、保護者自身のみならず子どもや家

185

族に対してもケアできるように支援することが必要になる。それは、子ども
や大人が示すかもしれない心身の反応等について情報提供し、対処できるよ
うサポートすることである。

　一方、非日常的な厳しい生活状況の中でも、少しずつでも営まれてきてい
る子どもの日常的な行為（学習面、生活面、進路面での頑張りなど）について保
護者に気づかせることも非常に有効である。子どもの、非日常的な世界の中
で見せる日常的な世界を、保護者も適切に理解し、サポートできるように支
援することが重要である。

　保護者支援の柱は、コンサルテーションである。学校心理士は、子どもへ
の理解を深め、よりよい援助を行うために、教職員や他の関係者とも協働し
ながら作戦会議を開き（問題解決型コンサルテーション）、研修会等を活用する
などして（研修型コンサルテーション）、保護者支援を行うことが必要である。

　さらに、そうした支援の過程で、学校心理士が保護者自身の支援ニーズを
把握し、関係者との連携を基本とする保護者支援が展開できる。そこでも、
保護者自身が持つ自己回復力を尊重し、生かしていけるように支援すること
が重要である。

　このような保護者支援には、子どものケアを提供するのに有利な資源であ
る学校（教職員）との連携・協働が不可欠であり、また、医療や福祉、労働
等を含め、包括的で統合的であることが求められる。その効果的な実践のた
めにはコーディネーション活動が重要であり、ここに学校心理士が積極的に
コミットメントすることが期待される。

⑵　学校危機における保護者の状況

　保護者の置かれた危機の状況や生活の回復状況は多様である。自然災害を
例にとれば、家族の死亡や住居、職場の損失など甚大な被害を受けた人がい
る一方で、特に物理的な被害を被らずにすんだ人もいる。しかし、被害はな
くても被災地に住んでいる人は被災者と見なされるべきであり、むしろ、被
害がないことに罪悪感や引け目を感じてしまい、強いストレス反応を示す人

もいる。さらに、生活基盤の回復が遅々として進まない状況が生じ、保護者の中には、復興住宅等の新しいコミュニティーに馴染めずに孤立化したり、経済的な困難さが増したりするなど、様々な生活ストレスに見舞われ、心身の不調や病気のリスクが高い状態に置かれている人もいる。

　支援に対する保護者の受け止め方も多様である。地域の文化的な特徴や支援のタイミングもあろうが、家族の成員などの個人的なことや生活について相談することに敷居の高さを感じたり、いろいろな配慮や支援の申し出に対して消極的になったり、うっとうしく感じて必要な支援を受けずにいる人もみられる。

　保護者支援にあたっては、保護者やその家族が置かれている個々の状況や心情をよく理解しながら、多角的に支援を行っていく必要がある。そして、たとえその時点では支援につながらなくても、今後支援を受けることができるよう、保護者とのつながりを維持する手立ての工夫も必要である。

(3)　東日本大震災における保護者支援の実践

　東日本大震災では、被災直後の混乱した状況の中で、最も喫緊な保護者支援は、子どもの安否を確認し、避難所や学校にいる子どもの状況等を保護者と共有することであった。そして、急性のストレス反応を示す子どもの理解や対応についての情報提供などであった。学校心理士は、他の専門的資格保有者とともに、教職員等と連携・協力しながら保護者支援を行ってきた。

　保護者は、時間が経つにつれ、PTSD反応を始め、子どもの様子の変化に戸惑いや不安を抱くことがあった。そして、どのように対処してよいかもわからず、また、誰にどのように相談すればよいのかということに悩むケースもあった。そのため、被災した子どもが示す状態やそれへの対処について、PFAの基本目的や支援の提供、活動内容等を踏まえ、「情緒的な安定」や「現実的な問題の解決を助けること」、「対処に役立つ情報を提供すること」など、危機の状況や対応の時期に応じた情報を保護者に提供し、子どものトラウマ反応や対応、ストレス・マネジメントなどに関する心理教育も含め正

しく知ってもらう活動などを行った。

　さらに厳しい生活環境が長期化する中、家庭生活での困難が深刻化したり、子どもや保護者自身の生活ストレスが高まって心身の不調がみられたり、適応上の様々な問題が表面化したりした。このような状況の中で、学校では、子どもの支援ニーズをキャッチし、コンサルテーションを進め、子どもに対する理解やかかわり方について保護者を支援した。さらに、その過程で、潜在的であった保護者自身の支援ニーズが把握されるようになり、関係者や専門機関との連携を基本とする保護者支援を進めることができた。

　例えば、長期間不登校状態にあった小学生に対して、継続的に支援を行っていたが、学校心理士である教職員と医療、福祉関係者が連携を進める中で、子どもの不登校は、配偶者を震災で亡くした父親が自殺を企図していることを知ったため、父親のそばを離れられなかったことが一因であることがわかり、支援体制の再構築が図られた例があった。

⑷　一次予防の取組の重要性

　家族は、危機に見舞われた子どもたちにとって、日常的なサポートシステムを作ってくれる重要な存在であり、保護者が落ち着き、家庭が安定することが、子どもたちが持つリスクファクターを減らすことにもなる。そのため、保護者支援はていねいに行う必要があり、その眼目は、保護者の自己回復力を支援すべく、種々の支援サービスにつなげ、活用できるようにすることである。

　また、学校は、児童生徒への支援とともに、保護者支援においても、ケアの機会を提供できる有利な位置にある。このような学校の持つ利点を生かし、危機時に有効な保護者支援を展開するためには、学校危機が起こる前の一次予防の取組が重要である。すなわち、守秘義務に配慮しつつ、子どもに関する情報と保護者や家庭に関する情報（リスク要因だけでなく、強み、資源の情報）を得ておくこと、保護者向けの研修コンサルテーションや相談会、気軽な集まりの会などを企画しつつ、保護者と学校、あるいは保護者間のつなが

りを太くしておくような取組が必要である。

さらに、幼稚園、小学校、中学校、高等学校と継続的（タテ）につながり、各学年段階で教育、福祉、医療、警察、NPO 等の地域の援助資源（ヨコ）を活用し合える包括的・統合的な連携体制の構築に向けた取組が不可欠である。危機直後の保護者支援、その後の継続的で多様な援助ニーズに応じた保護者支援においては、こうした体制が機能することが何より重要である。そのためには、学校を始め各機関にコーディネート機能を担う担当者の存在が必要であり、コーディネート活動を遂行する学校心理士への期待が大きい。

4．学校・地域への支援

支援を行う場合、自分の地域（都道府県）が被災して支援に当たる場合と他の地域への支援に出向く場合が考えられ、その際の支援者の状況や意識には大きな異なりがある。本節では、特に支援者の地域が被災した場合を中心に、学校・地域への支援のあり方を検討したい。

⑴ 支援の準備と方法

１）過去の災害から学ぶ

大災害等が発生し、学校や地域への支援が必要になった場合、過去の文献や学校心理士会等のネットワークを生かして効果的に情報を収集すると共に、支援上必要な関係者と連携しながら活動を行うことになる。

① 論文等から

特にこれまでの震災、阪神淡路大震災（1995）、東日本大震災（2011）、熊本地震（2016）において、学校心理士会の年報等にまとめられた論文やWEB 上の情報等を参考に、支援のあり方や状況に応じた効果的な方法等を確認するとよい。

② 支援に当たった関係者から

学校心理士を始め、他の心理士会、支援団体など、過去の災害で実際に支援に当たった経験者へ連絡を取り、情報を入手することも効果的である。

189

③　情報交換会等を通して

　熊本地震の際には、学校心理士会熊本支部が独自に「情報交換会」を実施したり、支援団体によって開催されたシンポジウムに学校心理士が参加したりして、学校心理士会本部の支援体制や阪神淡路大震災、東日本大震災で支援に当たった心理士等と情報交換を通して実際の支援方法等を確認することができた（緒方、2017）。

２）災害対応手引きの参照

　実際に支援を行う場合に、どのような内容・方法・配慮で支援を行うかを確認しておくことが重要である。日本学校心理士会では、「災害に関する子どもや学校のサポート―教師，保護者へのヒント―サポート資料―」が刊行されており、学校や地域の支援の基本について確認すると共に、実際の支援において、資料として活用することができる。

　また、「サイコロジカル・ファーストエイド　実施の手引き　第 2 版」および「同　学校版実施の手引き」（アメリカ国立子どもトラウマティックストレス・ネットワークおよびアメリカ国立 PTSD センター著、兵庫県こころのケアセンターおよび大阪教育大学学校危機メンタルサポートセンター訳、2017）、「被災者の心を支えるために　地域で支援活動をする人の心得」（ケア宮城・プラン・ジャパン、2012）等を参照しておくとよい。

⑵　**支援の実際**

１）状況やニーズの把握

　同じ被災地の中でも、被害の中心となる地域と周辺の地域とでは被害状況とともに支援のニーズも大きく異なるし、学校や地域の避難所を管理する人によってもニーズの視点は異なるものである。

①　支部のネットワークから

　状況については、支部の執行部や事務局が把握しており、支部のネットワーク（メーリングリストや SNS など）を通して、さらに具体的な情報を得ることができる。

② 教育委員会や勤務先から

　スクールカウンセリング等、相談業務にかかわる学校心理士であれば、教育委員会など勤務に関わる組織から情報を得ることになる。守秘義務に当たらない範囲で情報を共有し、支援に生かすことができる。

③ その他

　TV などマスメディアの情報（避難所の情報、交通規制等）をしっかりと把握した上で前述①②とを併せながら対応する必要がある。

2）支援の内容

　支援の内容は、心理教育を中心とし、概ね次の通りである。

① 学校再開への支援（校内研修等）

② 児童生徒へのストレス・マネジメント（授業）

③ 児童生徒のカウンセリング

④ 教師への支援（コンサルテーション・心のケア、校内研修での講話）

⑤ 保護者への支援（コンサルテーション・心のケア、PTA 組織への講話）

3）関係者・組織との連携

　学校心理士として支援に当たる場合、学校や地域のニーズに即した効果的・効率的な支援、間違いのない適切な支援を実施するためにも、以下の関係者・組織との連携が必要になってくる。

① 学校心理士会本部

　熊本地震（2016）の際には、日本学校心理士会と熊本支部、福岡支部との連携を図ることによって、日本学校心理士会の視察や「情報交換会」への参加、そして全国からの応援を熊本市の小中学校への支援につなぐことができた（西山・小泉・石隈・大野、2017）。事務局からは支援に必要な用具、前述した「サポート資料」や必要な情報等も入手できた。

② 地域の社会福祉協議会

　学校・地域への支援に当たる際のボランティア登録等が必要であり、その際に地域の状況を確認し、実際に支援に入る際の必要な情報を得ることがで

きる。

③　地域の教育委員会等

　地域の教育委員会や教育事務所は、管轄の学校について状況を把握しており、連携が実現できれば、支援の必要な学校の紹介や、その学校の状況や支援のニーズなどの情報を得ることができる。

④　学校に所属する学校心理士

　支援を必要とする学校に学校心理士がいる場合、学校心理士間で情報を共有しながら、管理職への紹介や実際の支援の際にコーディネートをお願いすることによって、効果的な支援が可能になる。

　また、2019年に誕生した准学校心理士の制度により保育現場への学校心理士のネットワークが広がれば、幼い子どもたちやその保護者への支援に入りやすくなることが期待できる。

⑤　地域の公認心理師や他の心理士会、心理士等

　大きな災害の場合、全国から多くの支援者が駆けつけ、支援に当たることが考えられるが、こうした外部からの支援は一時的な支援になる場合が多い。支援が必要な状況は長く続くことも考えられるので、特に地元の学校心理士が公認心理師、臨床心理士会、臨床発達心理士等と連携協力することにより、それぞれの専門分野を生かし持続的な支援を続けることが可能となる。

⑥　現場に居合わせた他分野の人たち

　被災地域においては、特に学校（体育館や教室）が避難所となる。そこには地域の人たちと、外部からの医師や心理士（師）、大学の研究者など支援に訪れた様々な分野の人たちと出会うことになる。

　必要な場合には互いに協力・連携し合い、それぞれの活動を妨げることがないよう配慮しながら活動に当たることが必要である。

(3)　留意事項

　学校心理士の立場においては、こうした災害時に何とかお役に立ちたいと考えるのが当然であるが、支援を受ける側にとっては、その支援が有難い場

合と、そうではない場合がある。

　熊本地震（2016）の際に、被災地の学校関係者は、学校の運営、児童生徒の安否確認・指導、本人の家庭の問題（自宅の被災、休校中の我が子への対応、地域の避難所の担当）、避難所となった学校で生活する校区の人とのかかわりなど、多くの仕事を抱えることになった。

　こうした中で全国からの多くの支援者を受け入れ、学校の担当者はコーディネートを行うことになる。その担当者の中には疲弊している人たちも多く、その状況を充分に配慮しながら活動しなければならない。

5．引用文献

Brymer, M., Taylor, M., Escudero, P., Jacobs, A., Kronenberg, M., Marcy, R., Mock, L., Payne, L., Pynoos, R., & Vogel, J. 2012 *Psychological first aid for schools: Field operations guide*, 2nd Edition. Los Angeles: National Child Traumatic Stress Network.（ブライマー他　兵庫県こころのケアセンター・大阪教育大学学校危機メンタルサポートセンター（訳）　2017　サイコロジカル・ファーストエイド学校版　実施の手引き　第2版）Retrieved from http://www.j-hits.org/psychological_for_schools/（2019年7月31日）

学校心理士資格認定委員会（編）　2012　学校心理学ガイドブック　第3版　風間書房

National Child Traumatic Stress Network and National Center for PTSD 2006 *Psychological First Aid: Field Operations Guide*, 2nd Edition.（米国子どものトラウマティックストレスネットワーク・米国PTSDセンター　兵庫県こころのケアセンター（訳）　2011　災害時のこころのケア：サイコロジカル・ファーストエイド　実施の手引き（原書第2版）　医学書院）

日本学校心理士会「東日本大震災子ども・学校支援チーム」　2011　震災に

関する子どもや学校のサポート—教師、保護者へのヒント— サポート資料

西野美佐子・畑山みさ子・氏家靖浩　2012　東日本大震災における学校心理士の支援活動—地域に根差した連携の中での実践—　日本学校心理士会年報　5，139-149.

西山久子・小泉令三・石隈利紀・大野精一　2017　熊本地震スタート支援における支部間サポートネットワーク—東日本大震災からの学びを生かす取組から—　日本学校心理士会年報　9，107-114.

緒方宏明　2017　熊本地震における学校心理士会熊本支部の対応—地震発生後の初期対応のあり方についての考察—　日本学校心理士会年報　9，115-125.

大野精一　2011　今、学校に求められているもの—今次東日本大震災から考える—　日本学校教育相談学会岩手県支部研修会資料

大野精一　2012　学校心理士としてのアイデンティティを求めて—教育相談コーディネーターという視点から—　日本学校心理士会年報　5，39-46.

大野精一　2012　生徒指導における関係機関との連携〜生徒指導主事と「教育相談コーディネーター」の役割〜　復興支援事業教育相談コーディネーター育成（復興教育リーダー育成）　一般社団法人学校心理士認定運営機構

大野精一・石隈利紀・西山久子・瀧野揚三・池田真依子・木原美妃・池田綾子・さえきえりな・渡辺弥生・Jimerson, S.・田村節子・山口豊一　2016　震災に関する子どもや学校のサポート—教師、保護者へのヒント—　サポート資料　ver. 3（2016年4月18日版）　日本学校心理士会

大阪教育大学学校危機メンタルサポートセンター　2011　教師のための学校危機後の5つのポイント LPCMT＜解説＞　Retrieved from http://nmsc.osaka-kyoiku.ac.jp/mental/wp-content/uploads/2013/03/教師のためのPFA解説版.pdf（2019年7月31日）

Schonfeld, D.J., Lichtenstein, R., Pruett, M.K., Speese-Linehan, D. 2002 *How to Prepare for and Respond to a Crisis*, 2nd ed. Alexandria, VA.: Association for Supervision and Curriculum Development.（ショーンフェルド他　元村直靖（訳）　2004　学校危機への準備と対応　誠信書房）

瀧野揚三　2004　危機介入に関するコーディネーション　学会連合資格「学校心理士」認定運営機構（企画・監修）　松村茂雄・蘭千壽・岡田守弘・大野精一・池田由紀江・菅野敦・長崎勤（編）　講座学校心理士―理論と実践3　学校心理士の実践　幼稚園・小学校編　北大路書房　pp. 123-136.

瀧野揚三　2011　学校危機対応におけるチーム援助　学校におけるチーム援助の進め方　児童心理　65(3), 86-92.

上地安昭　2003　教師のための学校危機対応実践マニュアル　金子書房

山本奨　2018　大規模自然災害後の心理教育の原則と取組から得られた示唆―いじめ予防・自殺予防への適用の視点から―　日本学校心理士会年報　11, 103-113.

6．参考図書

伊藤美奈子・平野直己（編）　2003　学校臨床心理学・入門　有斐閣
　　スクールカウンセラーとして学校で活動する際のハンドブックである。特に、第9章では「危機状況への支援」が設けられ、自然災害時に実際の活動したスクールカウンセラーの記録も掲載されている。

伊藤由美・梅田真理　2011　震災後の子どもたちを支える教師のためのハンドブック～発達障害のある子どもへの対応を中心に～　国立特別支援教育総合研究所　Retrieved from http://www.nise.go.jp/nc/wysiwyg/file/download/1/102（2019年7月31日）
　　災害直後から、教職員がどのように発達障害のある子どもに対応すればいいか参考になる。

小林朋子　障がいのある子ども・人と家族のための防災チェックリスト　静

岡大学小林朋子研究室　Retrieved from http://tomokoba.mt-100.com/?p = 65（2019年 7 月31日）

　　障がいのある子ども・人と家族のための災害などに日頃からそなえるためのチェックリストである。

国立特別支援教育総合研究所　2012　災害時における障害のある子どもへの配慮　Retrieved from https://www.nise.go.jp/nc/report_material/disaster/consideration（2019年 7 月31日）

　　災害時における障害のある子どもへの特別な配慮事項について、障害に共通のものと、障害種別のものとに分けて、その要点を説明されている。災害時だけでなく、災害時に備え、日頃の準備のためにもこのサイトの情報を参照して活用したい。

窪田由紀・松本真理子・森田美弥子　2016　災害に備える心理教育　ミネルヴァ書房

　　災害支援を考えるうえで、事前に地震などの災害に備えて心理的な被害を減らす心の減災という視点から、小、中、高校生や地域の方々を対象の心理教育プログラムが紹介されている。

文部科学省　2012　学校防災マニュアル（地震・津波災害）作成の手引き Retrieved from http://www.mext.go.jp/a_menu/kenko/anzen/1323513.htm（2019年 7 月31日）　https://anzenkyouiku.mext.go.jp/mextshiryou/data/saigai02.pdf

　　地震、津波災害に向けた学校防災について、学校防災マニュアルの作成、見直しや改善を行う際の留意点や手順、各種資料等が示されている。各学校の地域特性や児童生徒等の実態に応じた学校防災マニュアルを整備・充実するための手引きとして活用したい。

文部科学省　2014　学校における子供の心のケア―サインを見逃さないために―　Retrieved from http://www.mext.go.jp/a_menu/kenko/hoken/1347830.htm（2019年 7 月31日）

教職員による健康観察の必要性、危機発生時の健康観察のポイント、学校における心のケアの基本や健康相談のポイント等を具体的に示し、日常から心のケアを進めていくための方策等について解説されている。

文部科学省　2018　学校の危機管理マニュアル　作成の手引　Retrieved from http://www.mext.go.jp/a_menu/kenko/anzen/1401870.htm（2019年7月31日）
　　学校保健安全法では、学校安全計画及び危険等発生時対処要領（危機管理マニュアル）の策定を義務付けている。学校における危機管理マニュアル作成、見直しの際に活用する参考資料。
文部科学省　2019　学校安全資料『生きる力』をはぐくむ学校での安全教育改訂 2 版　Retrieved from http://www.mext.go.jp/a_menu/kenko/anzen/1416715.htm（2019年 7 月31日）
　　学校での学校安全のため、安全管理、組織的な取組、安全教育の実践についてのまとめられた文部科学省の資料。
日本学校心理士会「東日本大震災子ども・学校支援チーム」（編）　2011　震災に関する子どもや学校のサポート―教師、保護者へのヒント―
　　アメリカ学校心理士会が編纂した自然災害時の子どもや学校へのサポートについてまとめたものを邦訳したものである。東日本大震災後のNASP の協力と台湾高雄市立凱旋国民学校の教師・生徒・保護者の協賛を得て日本学校心理士会が編集したものである。
日本学校心理士会　2012　日本学校心理士会年報第 4 号
　　2011年 3 月に発生した東日本大震災における様々な対応・支援等が、論文として本年報の「震災関連特集」に掲載されている。「震災関連特集」は、2011年度以降の年報についても継続されており、参考になる。
下園壮太　2002　自殺の危機とカウンセリング　金剛出版
　　カウンセラーとしての豊富な経験をもとに、自殺企図者へのカウンセリングはもとより、周囲の人々への援助、医師との連携の在り方など、「自

殺の危機介入」におけるカウンセラーの役割と対応の技術をわかりやすく
解説している。さらに、遺された人々へのグループワーク、自殺のアフタ
ーケアとしてのディブリーフィング（debriefing）について実際の実施方法
やプロセスを具体的に解説している。

瀧野揚三　2013　学校危機管理と学校心理士　日本学校心理士会年報　5,
15-27.
　　学校危機管理の概要と学校心理士に期待する活動について解説したもの。
山本和郎　1986　コミュニティ心理学　東京大学出版会
　　行動を人と環境の相互関係システム全体から捉えること、個人志向にと
どまらずシステムへの介入を志向すること、介入の成長促進的アプローチ
など、示唆に富む内容が示されている。危機介入の仕方やコンサルテーシ
ョンの実際など、学校心理士に適した理論や実践として学ぶ点が多い。

７．日本学校心理士会「子ども・学校危機支援チーム」について

　日本学校心理士会のホームページの「子ども・学校危機支援チーム」には、
参考マニュアルとして多くの心理教育に関する資料が掲載されている。これ
らは、東日本大震災後の「東日本大震災子ども・学校支援チーム」（2017年5
月に「子ども・学校危機支援チーム」と改名）が中心となり、米国学校心理士会、
国際学校心理学会、欧州学校心理学研修センターなどとの情報交換やコンサ
ルテーションを経て、台湾高雄市立凱旋国民学校の教師・生徒・保護者の協
賛を得てサポート資料として作成されたものである。ホームページに掲載さ
れ、東日本大震災の被災地では冊子体で配布され活用された。広島市の土砂
災害、熊本地震、北海道胆振東部地震等においてもこれらの資料が活用され
た。日頃よりこれらの資料を手元におき、災害時等の活用に向け備えたい。
下記のリンクよりダウンロードできる。

http://www.gakkoushinrishi.jp/saigai/index.html

■課題とキーワード（＊）

⑴ 危機対応の基本

　学校は安全で安心な場所でなければならない。そのために、日頃から学校危機管理について、事件・事故を回避し、災害からの影響を緩和するための学校が取組むリスク・マネジメントの実践と、事件・事故、災害が発生した直後から、被害を最小化し、早期回復へ向けた中長期にわたる取組みとしてのクライシス・マネジメントを想定した備えが必要である。

＊学校危機、一次予防、二次予防、三次予防、PFA（Psychological First Aid）、心理教育、コーディネーター

⑵ 児童生徒への支援

　災害や事件・事故などの危機は、子どもたちにとって衝撃的な体験となる。子どもたちの示す反応について理解し、トラウマや感情的な反応を和らげるための子どもへの支援のありかたについて、日頃からの事前の準備が必要である。また、援助者自身のニーズを大切にし、心身のコンディションを良好に保つことが、子どもたちへの適切な支援につながる。

＊危機対応チーム、リスクファクター、二次被害、心的外傷後ストレス障害（PTSD）、回復力（レジリエンス）、援助者自身のニーズ

⑶ 保護者支援

　危機後の保護者支援は、保護者自身のみならず子どもや家族に対してもケアできるように支援する。支援の柱はコンサルテーションであり、学校心理士は、子どもへの理解を深め、よりよい援助を行うために、教職員や他の関係者とも協働しながら作戦会議を開き（問題解決型コンサルテーション）、研修会等を活用（研修型コンサルテーション）する。保護者やその家族が置かれている個々の状況や心情をよく理解し、多角的に支援を行っていく必要がある。たとえその時点では支援につながらなくても、今後支援を受けることができるよう、保護者とのつながりを維持することが大切である。

＊コンサルテーション、支援ニーズの把握、トラウマ反応、ストレス・マネ

ジメント、心理教育、援助資源、コーディネート

⑷　学校・地域への支援

　支援について、居住地域が被災して支援に当たる場合と他の地域への支援に出向く場合が考えられる。日頃より、過去の災害とその対応について、日本学校心理士年報等の報告、日本学校心理士会の災害対応手引き等を参照し、支援の準備と方法について検討しておく必要がある。そして、支援の実際について、学校心理士やその他支援団体とのネットワークを活用し、支援ニーズの把握、関係者、組織との連携、さらには、避難所運営、支援物資や支援者の受け入れのコーディネートについても想定した備えが必要である。

＊サポート資料、サイコロジカル・ファーストエイド、支援ニーズの把握、心理教育、ストレス・マネジメント、コーディネート

第5部　基礎実習の具体的内容

第12章　基礎実習1
　　　　心理教育的アセスメント基礎実習

1．はじめに

　K–ABC を代表とする個別知能検査の著者であり、学校心理学の第一人者であるカウフマン（Kaufman, N.L.）は、「検査結果を統計だけでなく、日常の観察と研究成果に基づいて解釈し、子どもの援助に結びつける」と "Intelligent Testing"（賢いアセスメント）の考え方を紹介している（石隈、1999、2009）。

　心理教育的アセスメントの実習を通して、アセスメントの基礎的な技法を獲得すると同時に、心理教育的アセスメントに関する実践家としての態度を養いたい。

2．基礎実習1「心理教育的アセスメント基礎実習」の目的と内容
⑴　基礎実習1の目的

　心理教育的アセスメントの実習として、「個別の心理検査・発達検査の実施―結果の解釈―指導案の作成」を取り上げる。それは、個別心理検査の実施から、それに基づく指導案を作成するプロセスに伴い、子どもの行動観察、子どもとの面接、関係者との面接、過去の指導記録等の検討が行われるからである。アセスメント結果から指導案を作成するためには、子どもの学級の様子のアセスメントも必要となる。個別心理検査に関わる実習では、アセスメントに関する多様な能力の基盤の獲得が目的となる。

⑵　基礎実習1の内容

　心理教育的アセスメントの基礎実習は、①個別心理検査の実施、②結果の解釈、③指導案の作成のプロセスである。

3．実習する検査の選択

　基礎実習1では、個別の知能検査・発達検査から一つ以上を選ぶこととしている。「1回90分の授業10回分（10P）」が基礎実習の履修要件であるので、とりあげる心理検査は一つ（または二つ）であることが望ましい。心理検査の技法の獲得は外国語の獲得と似ていて、一つの個別検査の実施・採点・解釈をマスターすれば、次の検査の獲得はかなり容易になる。大学院のカリキュラムによって複数の検査を扱うこともあるが、アセスメントの態度と基礎的な技法の獲得という目的にそって学習する。

　検査の選択にあたっては、①標準化が新しい、②信頼性・妥当性を支持するデータが示されている、③検査の対象が幼児から高校生程度の範囲のもの、という3点を確認する。日本における代表的な知能検査・発達検査は、ウェクスラー式検査（WPPSI-Ⅲ、WISC-Ⅳ、WAIS-Ⅳなど、WISC-Ⅴ開発中）、KABC-Ⅱ、ビネー式検査、K式発達検査などである。言うまでもないが、実習を担当する講師がその検査を熟知していることは必須条件である。

4．実習の進め方
⑴　検査の実施の前に

　知能検査の理論的基盤と検査の尺度構成について学ぶ。例えば、WISC-Ⅳは15の下位検査から構成され、合成得点（平均100、標準偏差15）として、全検査IQ（FSIQ）および「言語理解、知覚推理、ワーキングメモリー、処理速度」の4つの指標と、任意の選択的拡張解釈指標の一般知的能力、認知熟達度の2つ、合わせて6指標が示される（上野・松田・小林・木下、2015）。全検査IQ（FSIQ）が採用されているのは、ウェクスラー式検査が、スピア

マンの "g"（一般知能）という概念を支持しているからである。つまり
WISC-IVは、子どもの知能のおおよその発達レベルを測定する。またこれ
らの指標は、知能を構造的に見て、子どもの知的能力のばらつき（強い能
力・弱い能力）を把握することに役立つ。4指標はアメリカで主流になって
いるCHC（キャッテル・ホーン・キャロル）理論から解釈できる。すなわち、
言語理解はCHC理論では「結晶性知能」、知覚推理は「流動性知能または
視覚処理」、ワーキングメモリーは「短期記憶」、そして処理速度はCHCで
も「処理速度」と対応する。またKABC-IIとDN-CASは、神経心理学の
ルリア理論に基づき、継次処理、同時処理などを測定する。KABC-IIは
CHC理論でも解釈できる。また、WISC-IVとのクロスバッテリーアプロー
チ（XBA）も可能である（大六、2016、小野・小林・原・東原・星井、2017）。

⑵　検査の実施・採点

　検査の実施・採点の実習では、標準化検査の意味を知り、それを尊重する
態度を養う。そして選択した検査の実施・採点の具体的手続きを自動的に行
えるよう練習し、獲得する。

　標準化された知能検査・発達検査は、「標準的な実施法」をもつと同時に、
標準化サンプルへの検査実施のデータから作成された「尺度」をもつ。検査
者は、標準的な実施法を守り、尺度を正確に使うことにより、子どもの知能
や発達についての客観的な指標を得ることができる。さらに強調したいのは、
知能検査・発達検査は人の「最大限の能力」を測ろうとする。これは性格検
査が、人の「平均的な行動特性」を測ろうとするのと異なる。したがって知
能検査・発達検査では、子どもが安心して、自分のベストを発揮できるよう
な状況を作ることが求められる。

　検査実施の実習は、標準的には次の3段階から構成される。

①　子どもとの信頼関係（ラポール）の形成と維持についての練習

②　検査実施の一般的なガイドラインの学習

③　各検査（ウェクスラー式検査やKABC-IIなどでは「下位検査」）の実施の

練習

　以下主に WISC-Ⅳ、KABC-Ⅱの実施に焦点をあてながら、実習内容を紹介する。

①　子どもとの信頼関係（ラポール）の形成と維持についての練習

　検査実施でもっとも大きなチャレンジが、子どもとのラポールの形成である。検査者は子どもに「検査理由」を伝え、検査を受けることの理解を子どもから得なくてはならない。実習1では担当講師が子ども役、学生が検査者役で、検査を始める場面でのロールプレイを行う。子ども役の講師は、「検査は受けたくない」と言うなどして、ラポールがつきにくい子どもを演じる。学生は、検査を受ける子どもの気持ちを想像しながら、検査を通して子どもにしようとしている援助についてどう伝えたらよいか学習する（Ishikuma、2009）。

　心理検査実施における信頼関係は、心理面接（カウンセリング）で求められる信頼関係と異なるところがある。心理検査においては、子どもが「検査を受けてもいい」という気持ちになり、「検査でがんばろう」という気持ちになることが重要である。一方心理面接では、「この人なら自分の困りごとや悩みを話せる」という気持ちになることが鍵を握る。つまり心理検査においても心理面接においても「相手に対する信頼」と「検査または面接という共同作業」への動機付けの双方が必要であるが、心理面接が相手（カウンセラー）に対する信頼が面接の開始により重要であるのに対して、心理検査では検査（共同作業）への動機付けが検査を受けるのにより重要と言える。

②　検査実施の一般的なガイドラインの学習（日本 WISC-Ⅳ刊行委員会、2010；日本版 KABC-Ⅱ制作委員会、2013）

　望ましい検査環境、標準的な（下位）検査の実施順序について確認したあと、一般的なガイドラインについて基礎的な知識を得る。（下位）検査ごとに異なるところは、各検査実施の際に学習する。

＜開始問題・中止条件（中止ルール）＞　全年齢ですべての問題項目を実施す

るわけではない。子どもの推定される能力の範囲で、問題を実施する。検査には、年齢に応じた開始問題が設定されている。そして子どもの能力を超えて問題を実施しないように、またラポールを維持するために、検査時間を最小にするよう条件が設定されている。一般的には、子どもが連続する特定数の問題で0点を取ったときに、検査を中止する。

<練習問題・教習問題>　WISC-Ⅳの下位検査やKABC-Ⅱの認知検査の下位検査の多くは、採点の対象となる問題の実施の前に、「練習問題」（WISC-Ⅳ）あるいは「例題」（KABC-Ⅱ）を実施する。またこれらの検査では、採点の対象となる問題の最初の2問程度が「教習問題」（WISC-Ⅳ）あるいは「ティーチングアイテム」（KABC-Ⅱ）とされている。練習問題（例題）と教習問題（ティーチングアイテム）は、子どもが課題を理解していることを確かめるためのものであり、本来の力が発揮できるようにするためのものである。子どもが誤答・無答の場合は、正答をフィードバックする。

<クエリー>　子どもの回答が不完全、あいまい、あるいは不明瞭な場合に、「もっとそのことについて話してください」などと言って、さらなる情報を引き出すことである。それは子どもの能力をより適切に測定するためであり、明らかな誤答を改善するために用いてはならない。クエリーにあたる回答例は、WISC-Ⅳの手引きやKABC-Ⅱのイーゼルに示してある。

<検査の採点>　ほとんどの検査では採点は問題ごとに行われるが、下位検査全体で採点する場合もある（例：WISC-Ⅳの「符号」「記号探し」）。問題ごとの採点でKABC-Ⅱは「1か0」「2、1、0」の採点であり、WISC-Ⅳは「1か0」「2、1、0」または「時間割増点」である。非言語的な課題では、問題の採点は「正しい並べ方」（例、WISC-Ⅳ「積木模様」、KABC-Ⅱ「模様の構成」）など客観的な基準で行う。言語的な課題では、手引きやイーゼルに示されている「採点の一般原則」（例、WISC-Ⅳの「単語」では「適切な同義語、主要な用途・機能」などが2点における原則となっている）および採点例にそって、検査者が採点を行う。言語的な課題における採点については、授業での実習

や宿題を通して十分に練習をする。

＜行動観察＞　個別式の知能検査・発達検査は、子どもと検査者が「1対1」で、個人的・親密な場面で行われ、子どもの集中力と能力が最大限発揮できる状況である。検察中の子どもの行動観察は、子どもの問題状況や子どもの自助資源（問題解決に使うことのできる力）に関するアセスメントの重要なチャンスである。また検査結果を理解するうえで欠かせない情報を提供する。検査実施と採点の手続きが自動的になるにつれ、検査者は子どもとのラポールの維持と検査中の行動観察により大きなエネルギーを注げるようになる。

　例えば WISC-Ⅳ では、記録用紙の裏表紙が検査中の行動観察をまとめて記録するところとなっている。そこでは主な観察内容として「外見的印象」「視覚／聴覚／運動（眼鏡、補聴器など矯正の有無）」「注意・集中」「言語（話し方、言語理解など）「その他（受検態度、情動など）」があげられている。その他に検査中の行動観察で焦点をあてるものに、子どもの問題解決のスタイル（衝動性／熟慮性）、失敗への反応・成功への反応や励ましへの反応、検査者に対する態度・自分に対する態度などがある。

　受検態度については、検査結果の信頼性・妥当性そのものの基盤となる。つまり、子どもの受検態度において問題が大きい（例：問題に取り組もうとしなかった、ほとんど集中しなかった）場合は、検査結果は信頼性・妥当性のきわめて低いものとなり、個別の指導計画の基盤のデータとはなり得ない。他の検査で代用するか、一定期間をおいて、とり直すことになる。

③　各検査の実施・採点の練習

　各検査の実施・採点の手続きを練習することが、実習1の中核である。検査ごとに、講師の説明とデモンストレーションのあと、実施・採点の練習をする。講師の説明には、実施ビデオの活用も有効である。実施手続きの練習は、学生2人がペアとなって行う。子ども役のときは、時々誤答を出す。各検査における検査用具、開始問題・中止条件（中止ルール）、制限時間に留意

する。学生は、手引きやイーゼルを熟読する、学生同士で練習するなどして、検査「手続き」が自動的にできるよう練習する。検査者の教示はもちろん、すべての標準的手続きについて遵守できるよう練習する。

⑶　結果の解釈

　検査結果の解釈の実習では、検査結果（数値）の統計的意味を理解し、そして検査結果を、行動観察、背景情報など子ども自身や子どもの環境に関する情報と統合して、子どもの知的能力・発達の状況に関する仮説を生成するプロセスを体験する。

①　検査結果の処理と換算

　WISC-ⅣとKABC-Ⅱを例にとって説明したい。これらの知能検査で使われる主な得点は、「粗点」「評価点」「合成得点（WISC-Ⅳ）」「標準得点（KABC-Ⅱ）」である。粗点は下位検査の得点合計である。粗点を評価点、そして合成得点や標準得点に変換することが、結果の実施・採点から結果の解釈への橋渡しになる。まず手引きの表を用いて粗点を下位検査の評価点（平均10・標準偏差3）に換算する。合成得点や標準得点とはいくつかの下位検査の評価点を総合したものであり、平均100・標準偏差15の標準得点である。WISC-Ⅳでは、全検査IQ（FSIQ）と4種類の指標（言語理解、知覚推理、ワーキングメモリー、処理速度）が合成得点として示される。加えて、任意の選択的拡張解釈の2指標（一般知的能力、認知熟達度）が示される場合もある。KABC-Ⅱのカウマンモデルでは、認知尺度、習得尺度で各4尺度、CHCモデルでは7つの尺度が標準得点として示される。

②　検査結果の分析

ステップⅠ：全体的な知能の発達レベル

　WISC-Ⅳでは全検査IQ（FSIQ）、KABC-Ⅱでは認知総合尺度、CHC総合尺度の標準得点が、子どもの全体的な知能レベルを示す。これらの得点はもっとも信頼できる得点であり、最初に検討される。全検査IQ（FSIQ）や認知総合尺度、CHC総合尺度標準得点は、一般知能gを表している。子ど

もの知能のレベルが、平均であるか、平均より上であるか下であるかなどについて、おおよその判断をする。したがって、これらの得点は知的障害や知的ギフテッドを判断する際に一つの重要な情報提供をする（上野・松田・小林・木下、2015）。知的障害は、知的機能および社会適応という二つの側面に基づいて判断されるが、知能検査の得点は前者の側面の基準を提供する。

　ただし、子どもの知能のレベルを判断する際、子どもの背景情報（子どもの発達や学校での様子など）を参考にすると同時に、指標得点間の差（WISC-IV）あるいは尺度間の差（KABC-II）にも注意する。全検査IQ（FSIQ）は4つの指標得点、認知総合尺度標準得点は継次尺度、同時尺度、計画尺度、学習尺度の標準得点を、CHC総合尺度は7つの能力を総合的にまとめた平均を表しているに過ぎないのである。このステップIは子どもの個人間差に着目している。

ステップII：知能の発達における特徴

　WISC-IVでは、4つの指標得点（言語理解、知覚推理、ワーキングメモリー、処理速度）から、子どもの知的発達の特徴が理解できる。さらに指標得点間の差が有意であるかどうか、まれな差であるかどうかを、手引きの表に基づいてチェックし、子どもの知的発達のかたよりについて解釈する。例えば、子どもの言語理解指標が知覚推理指標より有意水準15%で高い場合、子どもの「事実や思考内容、概念などを言語で理解したり表現したりする能力」は「視知覚により得た情報を処理して推理する能力」より高いと言える。

　また、標準出現率が10%を下回る場合は稀な差だと言える。なお、必要に応じて一般知的能力、認知熟達度の2指標も用いて解釈する。

　KABC-IIでは、認知総合尺度標準得点に加えて、習得総合尺度の標準得点、CHC総合尺度の標準得点から、子どもの知能の特徴を理解できる。そして尺度間の差が有意であるかどうか、まれな差であるかどうかについて、手引きの表に基づいてチェックし、知的発達のかたよりについて解釈する。

　もちろんこれらの仮説（例、言語理解が知覚推理より強い）が採用できるか

どうかは、学級における子どもの学習の様子についての情報も合わせて判断する。子どもにとって、言葉による説明の方が、図表中心の教授よりも、学習が進みやすいなどの情報があれば、言語理解＞知覚推理という仮説は支持されやすくなる。解釈は根拠に基づいて行わなければならない。このステップⅡと次のステップⅢは子どもの個人内差に着目している。

ステップⅢ：下位検査における強い能力と弱い能力

　例えばWISC-Ⅳでは、「各下位検査の評価点」と「10の下位検査の評価点の平均」との差を検討することができる。KABC-Ⅱでは、「各下位検査の評価点」と「認知検査、習得検査、CHCのすべての下位検査の評価点平均」との差を検討することができる。それらの差について、手引きの表から、有意であるかどうかチェックする。もし有意に高いならば、その下位検査は子どもにとって「強い能力」、有意に低いならば「弱い能力」となる。

⑷　指導案の作成

　子どもの検査結果について、検査をするにいたった「相談内容」、「背景情報」、「検査中の子どもの行動観察（質的情報）」などの情報を統合する。相談内容は検査の理由であり、子どもや関係者との面接から把握する。また背景情報については、子どもの発達や学校生活について、過去の指導記録等の検討も含めて整理する。診断や教育上に活用できるような価値をもたせるには、他のデータと照らし合わせた妥当性の確認が不可欠である（藤田・石隈・青山・服部・熊谷・小野、2014）。

　支援の方針は「してほしい」支援だけでなく、支援者が「よしやってみよう」「それならできる」「なるほど」と思えるような支援が提案できてはじめて解釈が支援に、すなわち、子どものために活かされる（上野・松田・小林・木下、2015）。また、子ども・保護者向けのアドバイスシートの活用も考えられる（小野・小林・原・東原・星井、2017）。

5．最後に

　「基礎実習１」は、基本的に教室内での実習であり、検査の練習も学生同士である。宿題または実習後、「とくに援助ニーズの高くない子ども」を対象とした検査を実施して、学校心理士など心理検査の経験者によるスーパービジョンを受けることが必要である。

　カウフマンは、「知能検査は、子どもの学力を予想し、安楽椅子に座ってその予想（例：子どもの失敗）が当たるのを待つために実施するではない。アセスメントで得られた情報（例：得意な認知スタイル、望ましい学習環境）を子どもの援助に活かすことで、検査の予想を翻す（kill the prediction）ためにある」と言う（上野・染木、2008）。これは知能検査を実施して、一年後の学力検査との相関で、知能検査の「基準関連妥当性」を検証してよろこぶ、心理学者への皮肉でもある。心理教育的アセスメントは、それに基づく指導案を作成し、実施するための資料作成のプロセスである。つまり、心理教育的アセスメントを通して、子どもの学校生活に変化を起こすのである。

6．引用文献

Ishikuma, T. (2009) Dr. Alan Kaufman's contribution to Japan: K-ABC, intelligent testing, and school psychology. In J. Kaufman (ed.), Intelligent testing: Integrating psychological theory and clinical practice. New York: Cambridge University Press. pp. 183-190.

日本版 WISC-IV刊行委員会（訳編）　2010　日本版 WISC-IV知能検査：実施・採点マニュアル　日本文化科学社（Wechsler, D. 2003 Administration and Scoring Manual for the Wechsler Intelligence Scale for Children-Fourth Edition. NCS Pearson.）

上野一彦・染木史緒（監訳）　2008　エッセンシャルズ：心理アセスメントレポートの書き方　日本文化科学社（Lichtenberger, E.O., Mather, N., Kaufman, N.L., Kaufman, A.S. 2004 Essentials of Assessment Report

Writing. John Wiley & Sons)

上野一彦・松田修・小林玄・木下智子　2015　日本版 WISC-IV による発達障害のアセスメント　日本文化科学社

日本版 KABC-II 制作委員会　2013　日本版 KABC-II マニュアル　丸善出版

大六一志　2016　CHC（Cattell-Horn-Caroll）理論と知能検査・認知検査　LD 研究　25(2), 209-215.

小野純平・小林玄・原伸生・東原文子・星井純子　2017　日本版 KABC-II による解釈の進め方と実践事例　丸善出版

藤田和弘・石隈利紀・青山真二・服部環・熊谷恵子・小野純平　2014　エッセンシャルズ　KABC-II による心理アセスメントの要点　丸善出版

7．参考図書

上野一彦・染木史緒（監訳）　2008　エッセンシャルズ：心理アセスメントレポートの書き方　日本文化科学社

　　心理アセスメントのレポートは、①相談内容、②背景情報、③検査中の子どもの行動観察、④検査結果の分析と解釈、⑤指導案の作成で構成される。本書でケースレポートの書き方を学習することにより、アセスメントの能力の点検と向上がはかれる。

■基礎実習の具体的内容例

⑴　個別心理検査の実施

　個別の知能検査・発達検査から一つ以上を選び、検査を実施する。個別検査としては、「ウェクスラー式知能検査、KABC-II、ビネー式知能検査、新版 K 式発達検査2001など」を推奨する。

⑵　結果の解釈

　実施した検査の結果を分析・解釈する。

⑶ 指導案の作成

　実施した検査結果の解釈に基づき、指導案や指導計画を作成する。

第13章　基礎実習2
　　　学校カウンセリング・コンサルテーション基礎実習

1．はじめに

　学校心理士が実践家であるならば、学校という場で有益で実効的な働きができなければならない。特に最近は「チームとしての学校」体制を構築することが必要とされている。このためには何が必要であろうか。おそらく次の三つのことが漸次的かつ重畳的に重要になると思われる（大野、1994）。

　①　学校カウンセリング・コンサルテーションを知る。

　②　学校カウンセリング・コンサルテーションを自分のものとしてわかる。

　③　学校カウンセリング・コンサルテーションを実現できる。

　先ず学校カウンセリング・コンサルテーションの正確な知識を獲得しなければならない（第9章参照）。ただし「知る」ことはそれを「実現できる」ことの必要条件ではあっても、十分条件にはなり得ない。実践者であるこの私が「自分のものとしてわかる」（腑に落ちる、あるいは納得する）ことがなければ、責任をもって対処しようがないのである。日々の実践の中で知識を自分なりに検証・反芻し、血肉化する以外にない。課題はこの先にある。

　生徒や保護者の方たちのために何をすればいいのか知りかつわかったとしても、それができなければならないし、しかも適時適切な場面で実現されなければ意味がない。知る→わかる→できる→実践する、といった一連の流れ（過程）の後半部分（できる→実践する）を担保するのが、実習の重要な役割（課題）である。

2．基礎実習 2「学校カウンセリング・コンサルテーション基礎実習」について

(1) 基礎実習 2 の目的と内容

　基礎実習 2 の目的は「学校心理士としての活動において、著しい支障を生じることなく実践できる資質能力を養う」ものとされている。このために、必要最小限のライン（時間と内容）を設定し、前述した「知る→わかる→できる→実践する」という一連の流れ（過程）の前半部分（知る→わかる）と明確にリンクさせながら実践に向けてその土台作りを行うものである。こうすることで、秘技的な名人芸ではなく、理論的な説明や対応ができるだけクリアに見通せ、今何が問題で何をしているのか、今後どのようにしていけばいいのか等がわかることになる。

(2) 基礎実習 2 の内容構成

　基礎実習 2 は15時間以上の実習とし、「かかわりづくりに関するグループ実習」、「傾聴実習」、「カウンセリングプロセスや自己評価、コンサルテーション、コーディネーションを含めた総合実習」の三つの基礎項目から構成されている。具体的には次のような想定をしている。

　学校心理士の行う心理教育的援助サービスは「傾聴」を基本に、子どもたちや保護者の方々等との「かかわりづくり」の展開の中で行われる。ここでは効果的で継続的・組織的な「かかわり（コンサルテーションやコーディネーションを含む）」が必要であり、各回の援助サービスの全体としての検討を土台として、その複数回のプロセスの検討等や援助サービスの担い手によるセルフモニタリング（自己評価）が重要になる。

　またその援助サービスはカウンセリングという直接的援助ばかりでなく、コンサルテーション（組織的継続的な作戦会議）やコーディネーション（組織的継続的な連携）といった間接的でチームによる援助は、「学校心理士」資格取得のための大学院における関連科目（履習内容）基準「実務の領域（学校心理学的援助の実際）」として構成されている「生徒指導・教育相談、キャリア

教育」との実践的な関連を担保するために、当然に重要な構成要素となってくるのである。なお、コンサルテーション（狭義）とコーディネーションとを合わせて広義のコンサルテーションとして構成する方が実践的かつ実務的である。

⑶　学校コンサルテーションとしての基礎的な実習のあり方

　学校コンサルテーションとして実習（ロールプレイングやグループワーク等様々な形態が考えられる）を行う場合に、少なくともカウンセリングとコンサルテーション（必要な場合にはスーパービジョン）の違いを具体的かつ明確に意識すべきである。コンサルタントとコンサルティティとのコンサルテーション関係に焦点化し、次のような留意点があげられている（山本、2000a、2000b）。

　　①　コンサルティの個人的な心情や心の内面について触れることはしない。
　　②　コンサルティのもっているポジティブな面を大切にする。
　　③　コンサルティの価値観を脅かさない。
　　④　せいぜい1回か2回の関係である。
　　⑤　対象となっている子ども等の臨床像や問題の構造についてコンサルティにわかりやすく提示する。
　　⑥　コンサルテーションにあたっては、様々な外部資源との連携を保ち、必要な場合にはいつでも導入できるように準備しておく。
　　⑦　コンサルテーションを終了するのはコンサルティである。

　なお、学校コンサルテーションの特徴については、本書第9章1―⑶「学校で使えるコンサルテーション」を参照願いたい。

3．MLTによる実習例

⑴　はじめに

　学校カウンセリング・コンサルテーションを効果的に行うための三つの基礎的な条件（①相手を理解できる、②自分の意図を実現できる、③相手と自分の関

係をモニタリングできる）を実習により学習・体得し、実際場面の中で実現できるようにする。さまざまな実習形態が考えられるか、ここでは小林純一教授考案の MLT（a new micro-laboratory training 新マイクロ・ラバラトリー・トレーニング：小林、1979）による実習例を紹介する。

(2) MLT の具体的な進め方（大野、1997）

　参加者（24名を想定）を三つのグループに均等に分ける。この各々のグループが、以下説明する三つの役割を交代しながら取って、一巡していくことになる。こうして各役割で特化して取得・体験できた能力を、学校カウンセリング・コンサルテーションに不可欠な第一の役割に統合・総合して生かすことができるのである（図 13-1）。

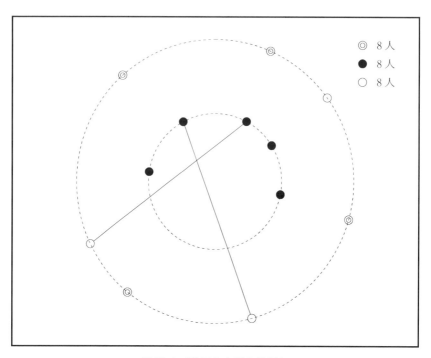

図 13-1　MLT における並び方

第一の役割（図13-1 ●）は、テーマは何でもよいから相互に知り合うように
して自由に話し合うことである。思い切って、わかり、わかり合うように
する。このことにより、他者と積極的にかかわり、人間的な信頼関係を形成
していくという学校カウンセリング・コンサルテーションの核心を体験的に
学ぶことになる。

　第二の役割（図13-1 ○）は、第一の役割を取っているグループの中から一
人を選び、その人をよく見て、話すことをよく聞き、その人が何を話したか、
どんな気持ちを感じながら話しているか、どのように変化していったかをあ
るがままに観察することである。このことによって他者を集中的にわかる訓
練をする。

　第三の役割（図13-1 ◎）は、第一の役割を取っているグループの中にどん
な雰囲気が流れているか、また、このグループの人達は何をしているのか、
全体として何が起こっているのか、どう変化しているのか、こうしたプロセ
スをあるがままに観察することである。このことによって、面接時の自己モ
ニタリングの力量をつけることになる。

　こうした各役割が円滑に取れるようにするため、参加者は、二重円になっ
て椅子に座る。内側には第一の役割を取るグループが、外側には第二・三の
役割を取るグループが座る。その際、第二・三役割グループは交互に座る。
また第二役割グループの中での並び方は、自分の観察する第一役割グループ
の人がよく見える位置に各自座ることになる。

　具体的な各回の進行は各一回ごと90分で、先ず第一役割グループが10分弱
話し合う。これをうけて、第一・二役割グループの各観察者・被観察者が話
し合い、自分の観察が正確であったか確かめる。これによって第一役割グル
ープの各人をよりよくわかるようにする（40分）。次いで、第三役割グルー
プに属する人が一人ずつ自分の観察したことを、全体に向けて報告する（10
分）。以上をうけて、再度、第一役割グループが20分弱話し合う。その際、
第二・三役割グループに答える感じで、自由に話し合い、自分や自分たちは

何をしたか、など相互にわかりあうようにする。これが終わった段階で、さらに全員で質問や確かめてみたいことを自由に出し合う。最後の10分間で、感想および今の自分の感情を評価する。この後、役割を交代して同じく2回続けていく。これで参加者は各役割をすべて体験することになる。これを1セッションとすると、さらにグループメンバーを変えて2セッション行う。なお、各セッションの話等は、参加者相互だけのものである（秘密保持の原則）。最終セッションで総括的なまとめを行う。

(3) ファシリテーター（担当教員）の役割

　ファシリテーター（担当教員）はMLTの実際場面で生じたグループや個人に関する言語的・非言語的なパフォーマンス（図13-2とその説明参照）をプロセスとして把握し、受講生へフィードバックする。

（周辺言語とは、声の抑揚・音色・速度・制御・強度・高さ・幅等の音としての特性。アイコンタクトを中心とする顔の表情、姿勢（ポスチャー）や体の動き（ジェスチャー）を中心にした身体表現、対人距離（パーソナル・スペース）を中心にした空間表現、服装などの色彩表現、スーツ・持ち物・装身具等のモノによる表現、そして長さや間を中心にした時間の使い方としてのタイム＆タイミング）

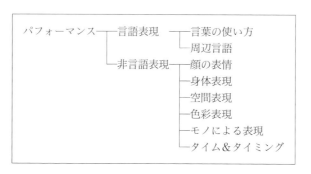

図13-2　パフォーマンスの区分（佐藤、1995、1996）

　またファシリテーター（担当教員）はMLTの実際場面で話題となった内容をテーマ化することで、①ロールプレイング等を活用して学校カウンセリ

218

ング実習（例えば一回の学校カウンセリングのプロセス構成）を深めたり、②学校コンサルテーション実習（例えば危機介入）に切り替えることもできる。次節でこれらのことについてふれる。

4．学校カウンセリングのプロセス構成

　多くの学校カウンセリング研修では段階論がベースになっているが（例えば、関係作り→探索と理解→方針決定→実施→終結とフォローアップ）、実践的ではないと思われる。

　図13-3は、Waehler ＆ Lenox（1994）をアレンジしたもので（大野、1997）で、石隈（1999）でも紹介されている同時的（共時的）な面接プロセスのモデルである。関係づくりがいつも重要で、いきなり介入（関与）はせず、先ずアセスメント（そして終結前の 注意！ ）、それに即した目標設定（修正・追加）、さらに当初から終局決定を意識する、といった共時的な同時的な配慮のもとで学校カウンセリングが進行していくのである。なお、重要性の相対的程度や時間の軸の長さは、カウンセリング・プロセスの状況、流れ、相互作用によって変わる。

　こうしたモデルに基づきながら、ロールプレイング等により学校カウンセリングのプロセス構成を訓練・体得させることも考えられる。

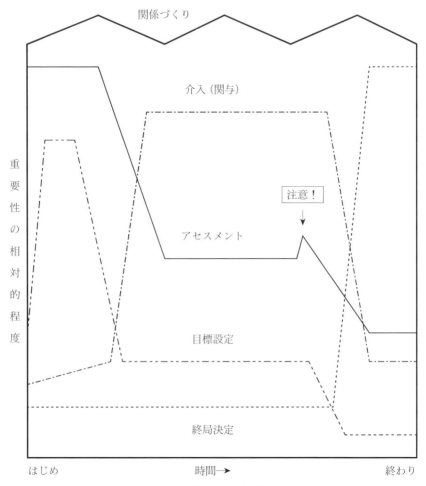

図 13-3　同時的（共時的）な面接プロセス・モデル

5．危機介入による学校コンサルテーション

　学校コンサルテーションの手法とし危機介入（crisis intervention）がある。MLT で出された内容をテーマ化し、グループとしての学校コンサルテーションの実習に切り替えることができるが、その際に次のような事項に留意す

る必要がある（大野、2001）。

① 本人の混乱状態を十分に受け容れ、信頼関係を深めることで不安や緊張を緩和する（土台づくり）。

② 危機を促進・結実させる事件が何であったのか、その前後の様子を中心に時系列的にじっくりと聴き、共通の話題を見つけだす（探索・理解）。

③ その事件についてどのように知覚しているのかを明確にし、それも含めて他の見方がないかどうか、相互に話し合う（とらわれの発見）。

④ 今現在、サポートする人的・物的資源があるか確認し、必要ならば、その手当をする（ソーシャル・サポート作り）。

⑤ 今までの自分の危機状態に対処してきた方法を出発点にしながら、当面、この面接の直後からどうするか、双方で納得のいく戦略を決定する（戦略メニュー作り）。

⑥ 次回の面接日（時間）をハッキリと定め、その時までその方法を試してもらい、必要に応じて中間報告をしてもらう（フォローアップ）。

⑦ 次回面接でその結果を聴き、必要ならば前段階にループする（再構成）。

6．おわりに

基礎実習2「学校カウンセリング・コンサルテーション基礎実習」は本書の第8章「学校カウンセリング・コンサルテーション」や第10章「生徒指導・教育相談、キャリア教育」と一体化・構造化した学習が不可欠である。

これらの関連する章から実習の目的・課題を明確にし、実習することによってさまざまな基礎的な概念等が具体化されていく。こうした循環的な学習を期待している。

7．引用文献

Charles A. Waehler and Richard A. Lenox 1994 A Concurrent (Versus Stage) Model for Conceptualizing and Representing the Counseling

Process. Journal of Counseling & Development, 73(1), 17-22.

石隈利紀　1999　学校心理学―教師・スクールカウンセラー・保護者のチームによる心理教育的援助サービス　誠信書房

小林純一　1979　カウンセリング序説―人間学的・実存的アプローチの一試み　金子書房

大野精一　1994　体験的研修の取り入れ方　児童心理8月臨時増刊　金子書房　pp.176-182.

大野精一　1997　学校教育相談―具体化の試み　ほんの森出版

大野精一　2001　危機介入の方法　月刊学校教育相談　2001年5月号　ほんの森出版　pp.8-11.

佐藤綾子　1995　自分をどう表現するか―パフォーマンス学入門―　講談社現代新書

佐藤綾子　1996　教師のパフォーマンス学入門―もっと本気で自分を表現しよう！―　金子書房

山本和郎　2000a　危機介入とコンサルテーション　ミネルヴァ書房

山本和郎　2000b　スーパービジョンとコンサルテーションと情報提供　現代のエスプリ　395　至文堂　pp.55-63.

8．参考図書

小林純一　1979　カウンセリング序説―人間学的・実存的アプローチの一試み　金子書房

　　学校カウンセリングを含むカウンセリングの本質を人間という存在に立脚して明確にしたもので、これでカウンセリング＝適応主義から脱却した。

中澤潤・大野木裕明・南博文（編著）　1997　心理学マニュアル　観察法　北大路書房

　　「人間が人間を観察する」ためにはどうするか。こうした問いかけに真っ正面から体系的に応えた、日本では希有の入門的な解説書である。

大野精一　1996　学校教育相談―理論化の試み　ほんの森出版

教師（教諭・養護教諭・常勤講師等）の行う学校教育相談実践（学校カウンセリング・コンサルテーション）の全体像を明らかにしようとしている。

R・O・コヘイン、S・ヴァーバ著（真渕勝・監訳）　2004　社会科学のリサーチ・デザイン―定性的研究における科学的推論　勁草書房

基礎実習で学んだスキルにしたがって個別事象を明確にしたとき、そこから一般的に何が言えるのか。本書はこの問いに応えてくれるものである。

山本和郎　1986　コミュニティ心理学―地域臨床の理論と実践　東京大学出版会

カウンセリングという個別的な対応を超えて学校や地域等のコミュニティという場でのコンサルテーションの重要性を立論している。

■基礎実習の具体的内容例

(1)　**かかわりづくりに関するグループ実習**

（非言語的手がかりを中心とするかかわり技法、各種のエンカウンター等が考えられる）

(2)　**傾聴実習**

（ロールプレイングや質問、言い換え、はげまし、感情の反映などの基本的傾聴技法等が考えられる）

(3)　**カウンセリングプロセスや自己評価、コンサルテーション、コーディネーションを含めた総合実習**

（模擬実習等により学校カウンセリング・コンサルテーションの全体的・包括的な実習を行う）

第6部 学校心理士になるためには

第14章 学校心理学に基づくケースレポートの書き方

１．ケースレポートとは

⑴ ケースレポートの定義と意義

　ケースレポートは何らかの問題をもつ特定の個人や事柄について、その問題解決の過程を具体的に報告し、そこから何らかの示唆を得ようとする研究方法をいい、事例研究法の一つである。同時にケースレポートは、チーム援助におけるコミュニケーションの方法である。コミュニケーションの方法としてのケースレポートについては、石隈（2004）を参照されたい。ここでは事例研究法としてのケースレポートに焦点をあてる。

　量的な研究が多くのデータを集め、平均化することによって多様な行動を支配している法則を明らかにしようとするのとは異なり、事例研究は一つあるいは少数の事例との密接なかかわり合いの中から行動の法則を見いだそうとする、質的な研究法でそれだけに難しい研究方法といえる。しかし、量的方法がともすれば、現実生活の一部を切り取った統制された条件の下でのデータ収集、大量データの収集による個々人との関わりの薄さ、また個々の人々の違いを誤差として扱うといった側面をもつのに対し、事例研究による少数ではあるが密接な人との関わりやその中から得られる表情、言葉、息使いの報告は、日常の生活場面での人の姿をリアルに再現させるという大きな力がある。

　事例研究の中でも、臨床的・実践的な援助活動に関するケースレポートとは、自分の関わった援助事例をその問題の概要、問題点の明確化とアセスメ

ント、それに基づく援助の目標や方法の決定、実際の援助の過程、その結果を報告すると同時に、その取り組みの意義や反省点の省察や、その事例や事例への援助の取り組みから得られる心理学的な意義を明らかにしようとする試みである。理想を言えば、ケースレポートはそれを通して得られる一つの心理的な法則を明らかにするものでありたい。しかし、現実にはそのような事例研究を提示するには力量や経験が必要であり、容易なものではない。

(2) 学校心理士にとってのケースレポート

　それでは、学校心理学におけるケースレポートとはどのようなものなのだろう。学校心理士がケースレポートを書くには、まず自分の行った援助活動を相対的な視点でとらえることが必要となる。また援助活動を可能な限り客観的な視点で自己評価することが必要となる。これらの要素は、援助の実践家として、また援助の科学の担い手としての力量形成に不可欠であり、そこにケースレポートを書くことの意義があるといえる。同時にその問題の捉え方やアセスメントの手法、アセスメントを基にした援助の方針や計画の設定、援助の過程、その反省や考察といった全てにおいて、申請者の学校心理学の知識、技能が問われるものである。学校心理士は絶え間ない学習と実践の相互作用を通してさらによい援助の実践を産みだすことが期待される。ケースレポートはこの過程において自己の力量の確認となるものである。

　学校心理士の資格認定にあたっては、ケースレポートの審査を行う。これは、学校心理学に関する専門的実務経験の過程で用いられた専門的技能のレベルと、その実務経験についての学校心理学的考察の専門性をみるためである。

　申請者は、これまで担当してきたケースの中から「学校心理士」としての自分の力量や姿勢を評価してもらうのに適切と思われる１ケースを選び、それについてレポートを書いて欲しい。なお、ケースレポートとして提出するケースについてはスーパーバイザー（学校心理士であることが望ましい）のスーパービジョンを受けている必要がある。スーパーバイザーはそのケースに

ついてのスーパービジョンについての報告の提出が求められる。つまり、<u>ス</u><u>ーパーバイザーはケースのプロセスに関わる者であり、レポート作成時にケース</u><u>の振り返りを援助することはあるが、レポートの文章の添削をする者で</u><u>はない。</u>

　なお、ケースレポート評価のポイントについては、章の最後にのせた附表を参照されたい。

2．ケースレポートの構成

(1)　学校心理士認定のためのケースレポートの領域

　学校心理士認定のためのケースレポートは、その活動内容に応じて以下の11の領域に分かれる。自分の取り上げるケースが、これらのどの領域にあたるのかを適切に判断する必要がある。

① 　個人やグループに対して、教師が行った継続的な指導・援助

② 　個人やグループに対して、スクールカウンセラー等が行った継続的な指導・援助

③ 　通常学級等での学習や進路に関する指導・援助

④ 　障害のある子どもに関するアセスメントと「個別の指導計画」等の作成およびその実践

⑤ 　コンサルテーション（特定の子どもに対する指導・援助の体制づくりとその活動（教師や保護者への支援を含む））

⑥ 　学級づくりや保護者への援助

⑦ 　学年や学校全体のマネジメントと組織作り

⑧ 　個人やグループに対する学校外での継続的な指導・援助

⑨ 　学校外での専門的なアセスメントと「個別の指導計画」等の作成およびその実践

⑩ 　学校外でのコンサルテーション

⑪ 　その他

⑵　学校心理士認定のためのケースレポートの書式

　ケースレポートは、A4判の縦用紙に、横40字×縦25行の形式で横書き、ページ下部にページ番号を記入する。文体は「である」で書く。図表や引用文献の全てを含めて10ページとする。10ページより多くても少なくても認められない。表紙は不要であり、片面印刷とする。レポートは、共通した以下のような項目（①～⑬）で記述する。以上の書式が守られていない場合は、審査の対象とはならないことに注意する。

① 　テーマ

② 　表題

③ 　報告者氏名

④ 　報告者の立場

⑤ 　教育援助の対象者

⑥ 　教育援助を行った機関、施設、場所

⑦ 　期間

⑧ 　教育援助開始時における対象者の問題の概要

⑨ 　教育援助開始時における、対象者、学校、学級そして家族の環境などについての心理教育的アセスメントの焦点、方法と結果

⑩ 　心理教育的アセスメントに基づく教育援助開始時の教育援助の方針と計画

⑪ 　教育援助の経過の概要

⑫ 　本ケースにおける教育実践についての学校心理学の観点からの考察

⑬ 　教育援助の自己評価（自己点検）

　なお、グループで行ったケースの場合は、主に自分が中心になって行ったものを選び、どのようなグループで教育援助が行われ、自分がその中でどのような役割を果たしたのかを明記する。その上で、以降の記述は自分が担当した心理教育的アセスメント、教育援助などに限って述べる。

3．ケースレポートの書き方

(1) テーマ

日頃の自分の実践のケースからケースレポートを書くのに十分な記録があるものを選ぶとよい。ケースレポートは上述のように一定水準以上の力量があることを判断するものであるので、その内容は必ずしも立派な実践である必要はない。また現在の力量を評価するためのものであるので、少なくとも申請時直近（ケースの実施期間の開始日または終了日が含まれていれば可）5年以内のケースを提出すること。

また、テーマは申請者が申請する類型と対応していることを原則とする（例：学校教員の類型で申請する人は学校場面におけるケースを提出する）。なお、大学院の授業（実習など）の一環として行われた実践も可とする。

前記の11の領域のいずれのケースレポートであるかを番号によって明記する。

(2) 表題

援助の内容が分かるタイトルを付ける。少なくとも、誰へのどのような援助なのかが分かることが重要である。申請者の行った教育援助の主たる領域が明確になるように工夫して決める。

(3) 報告者氏名

申請者の氏名

(4) 報告者の立場

教育相談員、担任教師、学年主任、スクールカウンセラーなど、どのような立場でその教育援助を行ったのか明らかにする。

(5) 教育援助の対象者

援助対象の児童生徒の性別、年齢、学年、特別支援学級などの場合はその学級、家族構成などの情報。プライバシー保護の観点から実名をあげてはいけない。「A児」のように記載する。

⑹　教育援助を行った機関、施設、場所

　A小学校教室、B市教育センター相談室などのように記し、場所が具体的に特定できないように注意する。援助の機関についても、申請者が申請する類型と対応している必要がある（例：学校教員の類型で申請する人は学校場面におけるケースレポートを提出する）。

⑺　期間

　援助開始日と終了日（実際に援助・指導を行った年月日　例えば2014年4月1日から2015年3月31日まで）を書く。継続中のケースの場合は「○○より現在まで（継続中）」と書く。

⑻　教育援助開始時における対象者の問題の概要

　教育援助開始時の主訴、教育援助の依頼事項など、教育援助の主たる焦点となった子どもの問題状況を書く。記述は冗長さを避け、かつ必要な情報が明確に書かれていることが重要である。

⑼　教育援助開始時における、対象者、学校、学級そして家族の環境などについての心理教育的アセスメントの焦点、方法と結果

　教育援助開始時点における心理教育的アセスメントの焦点（例：発達の遅れ、学習のつまずき、仲間関係の不適切さなど）とそれを評価するために用いたアセスメントの方法（観察、面接などの方法やその手続き、検査の場合は使用検査名）を明示する。アセスメントは、学習面、心理・社会面、進路面、健康面など学校生活全体にわたるものであること（すなわち、例えば、養護教諭による健康面と心理面だけのアセスメントでは不十分）、また教育援助開始時の状況から特に重要なところに焦点を当てている必要がある。さらにそのアセスメントの結果を記す。アセスメント結果の記述に際しては、アセスメントの担当者や情報源を明確にして、観察結果、聞き取りの結果、検査結果などのデータ（資料）を整理して記述する。その際に、具体的な事実と事実から推論したことを明確に分けて書く。さらにアセスメントの方法が、一つの心理検査だけになったり、援助者独りの限られた観察だけに偏ることのないように注

意する。さらに、子どもの状況、おかれた環境、子どもと環境との関係など、総合的なアセスメントの結果を述べる。

　そしてアセスメントの結果の要約を、学校心理学に関連する領域の知識を用いて簡潔にまとめる。特に、問題の概要に対応した適切なアセスメントの選択やその根拠、その結果の解釈を明確に記すことが重要となる。この部分だけを読んでも、報告者のアセスメント結果に関する見解が読み取れるように書く。

⑽　**心理教育的アセスメントに基づく教育援助開始時の教育援助の方針と計画**

　教育援助開始時に行った心理教育的アセスメント（⑼で記述した）に基づき、援助の方針と具体的な計画（誰が、どのような援助をいつからいつまで）を述べる。場合によっては、子どもの問題状況について立てた仮説を含めてもよい。

　援助の方針や計画の記述では、アセスメントの結果との関係をきちんと説明する。すなわち、アセスメントの結果を踏まえた援助の方針や方法の設定の論理的なつながりを、明確に記すことが重要である。またここでは、教育援助の方針と計画が、どういう援助者（のチーム）で、どのように作成されたかを明確にする。

　教育援助が主として心理教育的アセスメントであった場合は、⑼⑽の記述を多くし、⑾を簡単にする。

⑾　**教育援助の経過の概要**

　教育援助の内容やそれに応じた子どもならびに周辺の双方の変化の過程についていくつかの段階に分け、教育援助の方針・計画に基づいて、どの援助者が、どのような援助活動を行ったかを明確に記述する。教育援助の段階のタイトルは、文学的・象徴的なものよりも、教師、スクールカウンセラー、保護者など援助者の仲間に伝わりやすいものにする。そして、「援助方針にしたがって、どんな援助を行ったか」「その結果子どもはどうなったか」「子

どもを取り巻く状況はどうなったか」についてまとめる。さらに必要に応じてこれらの変化により、「次の方針や計画をどう修正したか」を書く。援助対象の様子や面接のやりとりだけの記述では教育援助過程のレポートにはならない。教育援助過程の説明のために図表を用いるときは、図表の内容を最小限にして、援助活動が図表と本文で伝わるようにする。なお、援助サービスが援助チームによって行われている場合は、申請者が行った関わりが明確に示されている必要がある。

　スーパーバイザーの意見をどのように支援に生かしたのかについても、時系列に沿って具体的に記述する。

⑿　本ケースにおける教育援助の実践についての学校心理学の観点からの考察

　本ケースの教育援助の実践を行う際に参考にした理論、先行研究、教育援助のケースや実践のモデルについて述べ、それらと比較しながら本実践が持つ学術的な意義を評価する。特に、学校心理学の諸領域の知識や研究成果を活用して、学校心理学の視点から行う。具体的には、何が援助対象者の変化をもたらしたかについてのメカニズムとその理論的考察、援助対象者の周辺の環境の変化への考察と評価、ケースレポートで述べようとした目的に照らした総合的な援助の効果についての考察、ケースレポートを書くことを通して得た新しい理解や発見、残された課題などを述べる。教育援助の内容、教育援助のアプローチ、教育援助の特徴、教育援助の方法などテーマを立てて、考察すると良い。学校心理学に関連する引用文献があることが望ましい。この考察の部分も、従来のケースレポートで不十分さの目立つところである。ケースレポートを私的な体験にとどまらせることなく、理論や、他の研究や報告と関連づけ、その位置づけや意味を明確にすることは、ケースから得た知識や体験の一般化にとって重要である。

⒀　教育援助の自己評価（自己点検）

　行った教育援助に対する自己評価を、自己評価の方法や結果を交えて述べ

232

る。教育援助開始時の方針・計画、援助過程における援助対象の状況の変化や援助方針・計画の修正などに基づいて、ケースにおける教育援助について評価する。実践された教育援助によって援助対象がどう変化し成長したかに焦点を当て、援助できたことと援助サービスの限界や反省などについてまとめる。「子どもの変化」「教師・保護者の変化」「学校の変化」などについての視点があることが望ましい。また教育援助の結果の評価において用いた方法についても記載する必要がある。従来のケースレポートでは、特にこの自己評価の不十分さが目立つ。自己の教育援助の実践をきちんと自省し、次の援助活動に生かす姿勢が学校心理士には重要であり、その意味で十分に書きこまれる必要がある。

4．ケースレポート提出の前に

　ケースレポートを書いた後に、再度以下の諸点についてチェックし、問題がないことを確認した上で提出する。

1．書式や枚数が適切であることを確認する。
2．上記の(1)〜(13)の各側面が順番に従い、漏れなく記述されていることを確認する（毎年この形式に合わないことで審査されないレポートがある）。
3．プライバシーを十分尊重し、それを損なうことのないように十分配慮する。記述の中で人物が特定できるような情報が示されていないよう配慮がされていることを確認すること。
4．スーパーバイザーの意見がどのような形で生かされたのかの記述が、ケースレポートの中に明確になされていることを確認すること。

5．ケースレポートの例

　　（注：内容は実践例そのままではない。また文章量は減らしてある。）
(1)　テーマ
　　②スクールカウンセラーが行った個人継続面接のケース

⑵　表題

　女子高校生に対する保健室登校から教室復帰、進路選択までの援助

⑶　報告者氏名

　○○○○

⑷　報告者の立場

　スクールカウンセラー（非常勤）

⑸　教育援助の対象者

　A子（高校2年女子）。両親、姉（大学2年）、A子、弟（中学3年）の5人家族。父は自営業で、母は父の仕事を手伝っている。

⑹　教育援助を行った機関、施設、場所

　B高校相談室

⑺　期間

　20XX年Y月Z日より現在まで（継続中）（注：XからZには実際の年月日を入れる）

⑻　教育援助開始時における対象者の問題の概要

　A子は高校に入学し、最初の1週間はクラスに入っていたが、その後、教室に行くと気分が悪くなることから、教室で学習をすることが困難になった。養護教諭の提案で、高校1年生の間は保健室登校を続け、教室に行くことはできなかった。学校には母が車で送り、その後2時間位保健室で自習をし、そのあとに母と一緒に下校することを続けていた。

　B高校では、保健室登校の生徒には養護教諭が関わっていたが、本来の保健室の業務もあり、保健室に登校している生徒への継続的な援助が難しく、学校としても保健室に登校する生徒の進級などについて問題になっていた。これらのことから、B高校に赴任した報告者（スクールカウンセラー）に対して、学校長より、保健室の使い方とA子への援助の両面を考えながら援助をしてほしいという依頼があった。

⑼　教育援助開始時における、対象者、学校、学級そして家族の環境などについての心理教育的アセスメントの焦点、方法と結果

　報告者（以下スクールカウンセラーとする）のＡ子への面接からは、以下のような情報が得られた。

　Ａ子は、教室に行こうと思うと気持ちが悪くなり、教室で吐いてしまうのでないかという不安から教室で授業は受けられないということだった。高校１年の時に、教室で授業を受けていて気分が悪くとても辛かった経験があり、教室に行くとまた同じことが起こるのではないかというのがその理由だった。また、Ａ子は将来の希望は調理師、栄養士であること、できれば今通っている高校を卒業したいが、今のままでは高校を続けることは難しいと思っていること、自分の夢も叶わないと思っていることなどを話した。勉強は好きで、特に数学と英語が得意だが、授業に出ていない自分だけの学習では限界があると感じていることもわかった。

　養護教諭の観察からは、Ａ子は、保健室にいる時にはずっと一人で勉強をしており、クラスの友人が来てもほとんど話すことがないということだった。担任によれば、Ａ子は勉強が好きで成績も良い方であるが、教師、友人との関わりはほとんどもっていないということだった。

　さらに、スクールカウンセラーとＡ子の母との面接からは、高校入学以前のＡ子は、小学２年から不登校になり、５年生の時には元気に登校できたものの６年生からまた不登校状態になった。中学２年の半ばから卒業までは相談室登校をしており、これまでに教室で授業を受ける経験がほとんどないということだった。しかし、帰宅後は、とても明るく、家族の中ではひょうきんな子だということだった。両親は、高校を続けることは難しいのかもしれないが、なんとか卒業させたいと思っていること、医師からは、自律神経失調症と診断を受けていることがわかった。

　以上の教育援助開始時に行った心理教育的アセスメントから、Ａ子は小中学校を含めた学校生活で、教室にいる経験が少ないことから、集団の中に入

ることに対する抵抗が強く、そのことが教室では気持ちが悪くなるといった身体症状として出てしまい、自律神経失調症の診断につながっていると考えられる。結果として、高校では教師や友だちとの関係を作ることができず、援助資源が少ない状況である。一方、A子の自助資源は特に学習面では勉強が好きで、進路面では高校を卒業して調理師か栄養士になりたいという希望や夢をもっていることがあげられる。

⑽ **心理教育的アセスメントに基づく教育援助開始時の教育援助の方針と計画**

　上述の心理教育的アセスメントをまとめた時点で、今後の教育援助の方針についてのスーパービジョンを受け、チーム・アプローチの採用とA子を取り巻く環境全体にも注目するよう助言を受けた。そこで、「退学などの進路変更ではなく進級することをめざし、さらに進路実現ができるようにする。」を目的として、次のような教育援助の方針を立てた。

　① 　報告者、担任、学年主任、養護教諭をコア援助チームと位置づけ、そこで援助の具体策を検討し実施する。
　② 　本人の自助資源を生かしつつ、教室復帰ができるようにする。
　③ 　母親が援助資源となれるようにし、また教師や級友がA子と人間関係をもてるような工夫をする。

　これらの方針に基づいて、次のような計画を立てた。

　(a) 　コア援助チームとして一定期間ごとに話し合いの場をもち、それ以外にも必要に応じて情報共有を行う。
　(b) 　A子が登校したら担任のところに出席の確認をしに行くことで、担任と合う機会を多くする。
　(c) 　A子の健康状態把握のために、養護教諭が日常的に接する機会を増やす。
　(d) 　A子が少しずつ教室に行けるようにして、集団での生活や活動への不安・抵抗を軽減させる。

(e) 学年主任、担任は学年会を通してA子への援助方針を伝えるとともに、学習への援助協力を要請する。

(f) 保護者と報告者との面接を継続する。

⑾ **教育援助の経過の概要**

第Ⅰ期：スクールカウンセラーを中心としたA子への援助（4月〜8月）

　4月の下旬から、A子は授業の空き時間のある教師から週に2時間程度、保健室で勉強をみてもらうことになった。その間、母との面接はスクールカウンセラーが継続して行い、母の「退学になるのではないか、このまま、また不登校になるのではないか」という不安を軽減し、母が常にヘルパーとしてA子に援助できるように支えた。

　5月の半ば頃には、A子は登校するだけで吐き気がひどくなったので、再度通院をして内臓の検査をしてもらい、内科的には問題はないという診断を受けた。また、学年会にスクールカウンセラーが参加して、A子への学年の教師の関わりについて相談し、夏休みまでは、担任、学年主任、養護教諭とスクールカウンセラーを中心にA子への援助を行うことを確認し、他の教師には当分の間、見守ってもらうことにした。

　7月の中間考査は、高校入学以来初めて教室で受けることができた。しかし、試験前はA子の緊張は非常に強くなり不安を訴えた。そこでスクールカウンセラーがA子の不安について十分に話し合い、当日起こることを予想してその対処方法をA子と一緒に決めた。具体的には、学年主任が中心になり、A子が気分が悪くなった時には教室を出られるように入り口のドアを開けておくことを試験監督の教師に頼み、廊下には学年の教師が一人待機しておくことなどの協力を得られるようにした。中間考査を教室で受けることができたことはA子の自信につながり、夏休み中には、自分の進学したい大学を見学に行くようになった。

第Ⅱ期：チーム援助を中心に学校全体の職員の協力による援助（9月〜12月）

　9月になり、これまでほとんど保健室で続けていた学習を、徐々に教室で

受ける働きかけをしていく方針でA子への援助を進めることにした。

　そこで、A子の時間割を1ヶ月分印刷した用紙を用意し、出席、欠席を記入することにした。用紙は養護教諭が管理し、A子は毎日、出席できた時間割を赤色のマーカーで塗りつぶし、9月には少なかった赤い色が10月に入る頃には多くなった。そこで、体育祭への参加を促すことにした。1種目だけの参加ではあったが、小学校1年以来初めて体育祭に参加することができた。この頃には、学年の教師を中心に、A子を励ますことを意図的に進めることにし、11月にはほとんどの授業に出席できるようになった。

　しかし、A子は、体育や音楽などの実技科目への出席はできないままだったため、スーパービジョンを受けた。スーパーバイザーからは、援助者を学年担当の教師から学校全体の教師へと広げてみたらどうかというアドバイスを受けた。そこで、校内研修会を使ってA子の事例検討会を開き、これまでの経過と、担任、学年主任、養護教諭、母からA子への援助の経過についてスクールカウンセラーから全職員に説明をし、学校全体の職員の協力、理解を得ることができるようになった。

　この頃のA子は、ほとんどの授業を教室で受けるようになっていたものの、体育の授業は見学を続けており、さらに、体育も参加することが必要とされていた。養護教諭から、A子が見学の時、寒そうにしていることが伝えられ、母からの情報からA子は体を動かすのは好きで、小さい時は走るのがとても速かったということもわかっていたので、「寒いんだったら、体育の授業をやっちゃえば？」と養護教諭とスクールカウンセラーから働きかけをした。学年会ではA子に体育の授業に参加することを進めていることを学年主任と担任から伝えることにした。事前に、スクールカウンセラーはA子に「体育の授業に出なくてはいけないこと」について説明し、一方で養護教諭は「無理にやらなくても良いよ」とA子に伝え、体育の教師はいつもどおりに授業を進めることでそれぞれの役割を確認しておいた。当日授業に参加したA子は、棒高跳びのハードルを跳び、「楽しかった」と言い、その後のA子はす

238

べての科目について出席し、休み時間だけ保健室に来るという状態になった。

第Ⅲ期：スクールカウンセラーと母による進路決定に関わる援助（1月～現在）

　A子は1月からも教室で授業を受け、欠課時数等の問題で進級が難しいということはなくなったので、新たな課題への取り組みを始めることにした。

　長い間不登校だったA子は、どこに行くのも母と一緒だったので、一人で電車に乗れず、そのことで、進学先の大学の選択肢が狭まってしまうということが予想された。高校3年の4月からは、母に送ってもらうのではなく自分だけで登下校することをA子の新たな目標とすることにした。そこで、母と相談し、2月から3月は、朝は母が車で送り、帰りはスクールカウンセラーと一緒に一駅だけ電車に乗り、駅に迎えに来てもらうことにした。何度か繰り返すうちに電車での通学ができるようになり、友人と一緒に帰ることが多くなった。

　高校3年になったA子は、休み時間に保健室に来ることもなくなり、他の生徒と同じように授業を受け、現在は大学受験に向けて勉強中である。

⑿　**本ケースにおける教育援助実践についての学校心理学の観点からの考察**

　学校心理学においては、「個人としての子ども」と「環境の中の子ども」を見る（石隈、1999）。つまり、子どもの問題状況とその要因のとらえ方は、「個人の要因と環境の要因の相互作用によって生じる」という生態学的モデルに基づき行われる。

　本ケースで取り上げたA子は、気持ちが悪くなってしまい教室に行かれない状況にあった。このような状況は、一つには、A子の体調の問題や意欲の低下が原因していると捉えられた。そこでスクールカウンセラーである報告者は、A子と母への面接を通して二人の心情を理解しながら学校生活を続けることを支えた。そして、A子の栄養士や調理師になりたいという夢や、勉強をするのが好きなことなどの自助資源を見つけ、その資源を活かすことでA子の意欲の向上を図った。具体的には、進学先の情報提供をすることや、出席時数の不足を補う努力をA子に求めることなどである。これは、石隈

(1999) の指摘する「個人としての子ども」に着目した援助である。

　そして一方で、教師同士の意思の疎通がうまくいかず、Ａ子への援助が不足していることがＡ子の問題状況を継続させる要因であると捉え、Ａ子が学校全体の教師の理解と援助を受けられるように働きかけた。そこでまず、Ａ子の一番身近にいる養護教諭と相談し、学年主任と担任をＡ子の援助チームのメンバーとして位置づけ、援助の方針を決定し役割分担をしながら他の教師への連携を意識して援助を続けた。また、Ａ子がすべての授業を受けられるようになるためには、援助チームのメンバーの援助に加え、学年の教師の理解と援助が必要であると判断し、学年会でのＡ子の状況の説明と方針の伝達、協力の依頼を実施した。さらに、援助開始当初に学校長から依頼されていた保健室に登校する生徒への援助について、校内研修会の場を利用してＡ子に関する事例検討会を開催し、学校全体の教師の協力と理解を得ることができるようになった。以上の援助は、Ａ子に直接行ったものではなく、Ａ子の援助資源であり環境である学校全体の教師への働きかけであり、「環境の中の子ども」（石隈、1999）に着目した援助であるといえる。

　生態学的モデルの考え方である二つの視点からの援助を通して、Ａ子自身の成長と学級や学校への適応が促進され、同時にＡ子の学校の教師の援助への意識や行動の変化がもたらされた。つまり、それまでになかったＡ子と援助資源である学校のすべての教師との間に新しい相互作用を生み出し、Ａ子の変化を促進することができたのではないかと考えられる。

⒀　教育援助の自己評価（自己点検）

　援助開始時のＡ子は、保健室登校を続けていたが、校内の教師や生徒との関わりが少なくほぼ孤立状態であった。また、教師間でも保健室登校に対する考え方の違いがあり、教師が共通して行えるＡ子への援助方針を必要としていた。このような状況の中でＡ子が教室に行けるようになり、進路を決定するまでの報告者の援助について効果的であったと考えられる点について述べる。

第一に、Ａ子に関わる援助者をスクールカウンセラーである報告者と養護教諭だけでなく、担任、学年主任から学年の教師へと増やすことを意図的に行ったことである。報告者のスクールカウンセラーとしての勤務は週に２日であり、その限界を踏まえ、学校生活で直接援助をしてくれる援助者を増やすことが必要であると判断したからである。そして特にＡ子に直接援助する報告者、養護教諭、担任、学年主任をＡ子の援助チームのメンバーとして位置づけて援助を行ったことである。スクールカウンセラーである報告者は、Ａ子と母の面談を継続することで二人を支え、養護教諭は保健室に登校するＡ子に日常的に関わりながら援助と観察をし、学年主任と担任は、学年会などを通した教職員への連携などによってＡ子を援助した。報告者がこのような援助の体制を学校の中に作り出し、それぞれの立場の援助者の役割が明確になることが、Ａ子への変化へとつながったものであると考えられる。

　第二に、Ａ子の自助資源を活用したことである。援助開始時点のＡ子は、登校後は保健室で自習をしていた。そこで報告者は、勉強が好きであるというＡ子の自助資源を活かすことを考え、学年会を通して自習中のＡ子の学習指導を依頼し、協力してくれる教師が現れた。このことによって、Ａ子の学習への意欲を維持することができ、同時にこれまでに関係が薄かった教師との関係づくりを促進することで、Ａ子が教室に戻る際の抵抗を減らすことができた。

　第三に、援助開始時にあったＡ子への援助に関する教師間の考え方の相違について調整を行ったことである。Ａ子の状況が学校全体の教師には十分に理解されず、保健室登校に対する批判もあった。そこで、報告者は校内研修会の開催を提案し、Ａ子の援助方針や援助の経過を全職員に説明した。そのことによって、直接Ａ子に関わっていない教師にもＡ子への援助が理解され、教師全体に、学校生活で困難さをかかえる生徒に対する援助を行うことの重要性が認識されることとなった。

　本ケースについて、スーパーバイザーと共に振り返りを行った。そこで、

A子への援助は、援助チームから教育相談部などの学校の組織に定期的に位置づけるチャンスであったことが見いだされた。本ケースにおいてはその点についての働きかけが不十分であり、今度の課題である。

6．引用文献

石隈利紀　1999　学校心理学―教師・スクールカウンセラー・保護者のチームによる心理教育的援助サービス　誠信書房

石隈利紀　2004　ケースレポートの書き方　学会連合資格「学校心理士」認定運営機構（企画・監修）石隈利紀・玉瀬耕治・緒方明子・永松裕希（編）　講座「学校心理士―理論と実践」2　学校心理士による心理教育的援助サービス　北大路書房　pp. 257-269.

（附） ケースレポート評価のポイントのまとめ

テーマと対象
- 援助サービスの実践が5年以内である。
- テーマや教育援助を行った機関は、類型と呼応することが望ましい。

アセスメントと方針
- 学校生活に関わることが望ましい。
- 観察結果、聞き取りの結果、検査結果などのデータ（資料）がきちんと整理されて記述されている。
- アセスメントの分析やまとめが適切である。
- 方針がアセスメントに基づいて立てられている。

教育援助の経過
- 時間軸も尊重しながら、経過が書かれている。
- 「援助方針にしたがって、どんな援助を行ったか」「その結果子どもはどうなったか」についてまとめる。子どもの様子だけを記述するもの、保護者や子どもの会話だけを記述するものは、弱いレポートである。
- 必要に応じて「そして子どもの状況の変化による援助方針等の修正」について記述する。
- 援助サービスが援助チームによって行われている場合は、申請者が行った関わりが明確に示されている必要がある。

教育援助の自己評価
- 今回どのような援助サービスを行えたのかについて、できたこと、できなかったことを記述する。「子どもの変化」「教師・保護者の変化」「学校の変化」などについての視点があることが望ましい。

教育実践についての考察
- 今回の援助サービスをデータ（資料）として、学校心理学に関わる考察を行う。
- 自己評価の続きではない。
- 学校心理学に関連する引用文献があることが望ましい。

その他
- レポートの形式にしたがっている。
- スーパービジョンを受けたことを示す箇所が、レポートにある。
- 全体的に援助サービスのレベルが、ある程度の基準に達している。

おわりに

～「学校心理士」の資格認定の経緯と今後にむけて～

　現今の学校には、周知のように、不適応を示す児童生徒が少なからず存在し、学校も児童生徒も、家庭や社会も苦悩している現状がある。例えば、2017年度の文部科学省の速報調査によれば、小学生の不登校は3万5千人、中学校では10万9千人、小学校と中学校を合わせて14万4千人にものぼっている。中学校の場合、ほぼ1クラスに2～3人の割合で不登校生徒が認められるという現状である。この他にも、いじめが社会問題化していることはよく知られているとおりである。非行、学習障害、発達障害、高校中退、無気力、自殺などの深刻な問題は、いずれも増加こそすれ、減少する気配は認められない。これらの児童生徒に科学的な援助の手をさしのべ、望ましい全人格的な発達を保障することができるのは、教育や発達に関する基礎的、及び実践的研究を積み重ねてきている「学校心理士」の責務であると考える。

1．日本教育心理学会による「学校心理士」に関するこれまでの取り組み

　日本教育心理学会は、1997度から、「学校心理士」「学校心理士補」の資格認定の業務を始めたが、このような形をとるまでには、おおよそ40年にわたる長い経緯がある。そこで、これまでの経緯を、簡単に説明する。

　まず、日本教育心理学会は、学校、家庭、社会などの教育の実践の場に役立つ教育心理学をつくり出すことを志向する研究者や教育者の組織として、1952年、「日本教育心理学協会」として発足し、1959年に正式に「日本教育心理学会」として設立されたものであるが、その設立の当初から、学校教育

の現場で勤務する教育心理学専門家の養成の問題については、深い関心を払ってきているのである。

(1) 教育心理学の専門家の養成について

　日本教育心理学会では、1960年に（「教育心理学研究」第 8 巻 2 号（1960）掲載の会報欄参照）「**教員養成カリキュラム委員会**」、「**教科としての心理学および教育心理学の研究委員会**」、「**教育臨床専門家養成研究委員会**」を設けており、それぞれ 7 、8 年にわたって、活発な検討を行った。その中で、「教育臨床専門家養成研究委員会」は、他の学会とともに、心理技術者資格認定機関を設立するための準備委員会に参加することになったために、解散した。その後、「**心理技術者資格認定委員会**」が1967年に設立されるにあたって、その加盟学会となるとともに、学会内にも「**教育心理技術者研究専門委員会**」を設け、検討を続けた。しかしながら、この委員会は一定の成案を得たものの、その内容が実現されることなく終焉をみることとなった。（「教育心理学研究」第17巻第 4 号（1969）掲載の会報39号参照）。

　現在の「学校心理士」の資格は、上記の二つのいずれの委員会をも直接に継承するものではないが、教育の実践に貢献しようとする本学会の伝統的な底流の具体化ということができる。

　一般に、「教育実践」に特に焦点をあてた教育心理学の領域は「学校心理学」と呼ばれるが、学会が行ったのは、この学校心理学に関する専門的な知識や技能を備えた人材に対して、「学校心理士」という資格を認定するということであった。（なお、最初の段階では、イギリス流の「教育心理士」ではどうかという提案もあったが、最終的に「学校心理士」に落ち着いた。）我々は、この「学校心理士」の有資格者の働きによって、成長・発達段階にある児童生徒だけでなく、保護者や教師に対しても、重要な支援を行うことができると考えている。

(2) 専修免許状「学校心理学」付記について

　我々は、現在「学校心理士」の資格認定を行っている。そして、またこれ

246

に関連した運動も行ってきた。それは、1991年より専修免許状に「学校心理学」の名称を付記するためのキャンペーンを展開し、有能な人材を学校や社会に送り出してきたことである。

　1989年4月、教育心理学会は、教育心理学の専門家養成と資格に関する問題を本格的に検討するために、新たに「**教育心理学専門家養成検討委員会**」を設置した。その委員会では、学校等の教育現場に勤務できる教育心理学専門家の道を切り開く第一段階の方策として、本学会が、関連する大学院関係者と協議の上、大学院修士課程で学ぶべき「学校心理学」の所定の単位を定め、大学院生が大学院修士課程でそれらを履修した場合には、平成2 (1990) 年度から施行される新教育職員免許法に基づいて修士課程修了者に授与される専修免許状の授与条件欄に「学校心理学」の名称を記載できるよう関係諸機関に働きかけを行うという方針を決定した。1990年、この方針を実施に移すために、学会は新たに専門委員会、「**学校心理学**」実行委員会を設置し、教育心理学のコースをもつ全国の大学院の関係者と十分協議の上、将来において、欧米の資格と類似した「学校心理学」の制度を確立することが必要であるという認識の下で、大学院修士課程において、学校教育の諸問題に十分対応できる学校心理学専門家の養成に努力し、そのためのカリキュラムと教育を充実させると共に、新教育職員免許法によって新たに授与される専修免許状に、大学院修士課程で学校心理学に関する所定の単位を取得した場合には、その専門分野名（「学校心理学」）が授与条件欄に記載することができるように、1991年に文部省、都道府県教育委員会等関係諸機関に要請した。

　このような経過を経て、平成3年よりカリキュラムの準備と都道府県教育委員会との協議が成立した大阪教育大学大学院で、学校心理学のカリキュラムにもとづいた教育が始まり、平成5年3月に、大阪教育大学大学院の「学校心理学」の所定の単位取得者に、専修免許状の授与条件欄に「学校心理学」の名称が記載された最初の教育職員免許状が、大阪府から授与された。

そして、これを皮切りに、奈良教育大学大学院、和歌山大学大学院、兵庫教育大学大学院、福岡教育大学大学院などでも、カリキュラムの整備と都道府県教育委員会との協議がおわり、「学校心理学」のカリキュラムによる教育が始まった。そして、「学校心理学」所定の単位取得者が、該当の府県教育委員会より「学校心理学」の名称が記載された専修免許状が授与された。

この免許状に「学校心理学」を記載する方策は、それなりに漸次軌道に乗った。しかし、他方、現実面では、何等かの形で克服しなければならないいくつかの壁もあった。まず、最初のころは「学校心理学」の名称記載の専修免許状取得者の数が少数であったこともあって、「学校心理学」とか「スクールサイコロジスト」について教育委員会や学校教育現場の理解が得られ難く、したがって、その専修免許状を取得したとしても、それだけでは、学校現場でその専門を十分に生かせないという状況があったということや、また、本学会会員の中にも、学校現場や教育相談所、教育研究所等で、既に学校心理学の専門家として長年の経験をもち、実績を上げている会員が少なからずおられたにもかかわらず、上記の記載の方策だけでは、専門家としての資格を評価したり、されることはできなかったいうことがある。さらには、大学院の方ではカリキュラムの整備ができたにも関わらず、免許状に「記載」をすることを認めない雰囲気を持った教育委員会もあった。

(3) 「学校心理士」の認定

そこで、1996年6月に、学校心理学実行委員会の提案に基づいて、学会は、「学校心理学」資格認定準備委員会を発足させ、「学校心理士」資格の条件、認定の方法、手続き等について慎重に検討を進め、1997年度より認定事業を始めることができるように、「学校心理士」の資格認定に関わる会則改正、規程案、認定細則案、手続き細則案等について準備を進めることとなった。そして、1996年11月、常任理事会、理事会、総会において、会則改正、規程案が承認され、1997年4月より、学会は、「学校心理士」の認定事業を開始することになった。

⑷ 「学校心理士」の現在

このようにして、学校心理士資格認定は1997年度から日本教育心理学会の事業として始まった。それから13年が経過し、2011年度3月末で約3,800名の学校心理士が誕生し、それぞれの分野で活動されている。さらに、2000年度からは、日本教育心理学会の会員だけでなく、日本特殊教育学会、日本発達障害学会、日本発達心理学会、日本LD学会の会員にも学校心理士の資格取得の申請ができるように拡大された。さらには、2002年度から、上記5学会による**学会連合資格「学校心理士」認定運営機構**として、認定事業がすすめられることになった。そして、現在にいたっている。また、上記の学会に所属していなくても資格を持つことが認められるようになっている。

さらに、2007年度に、新しく、日本学校心理学会、日本応用教育心理学会、日本生徒指導学会、日本学校カウンセリング学会の4学会が、2010年度から日本コミュニケーション障害学会、日本メンタルヘルス学会の2学会、したがって6学会が「学校心理士」認定運営機構の「連携学会」として参加し、認定運営機構を支えることになった。

⑸ 一般社団法人学校心理士認定運営機構

学会連合資格「学校心理士」認定運営機構は、2011年3月31日に解散し、翌4月1日に、社会的に責任のある資格者を養成していく、**一般社団法人学校心理士認定運営機構**としての新しい一歩を踏み出した。

2.「学校心理士」の社会的意義と役割

本節の冒頭で述べたように、今日、小学校、中学校、そして高等学校の学校教育の現場では、不登校、いじめ、暴力、非行、学習障害、学習不振、長期欠席、高校中途退学などといった解決が困難な児童生徒の諸問題に直面している。特に昨今では、不登校、学習障害、高校中途退学者の増大が教育関係者の大きな話題となっているし、また、「いじめ」が原因で、児童生徒の中に自殺者が出たりするという現実も大きな社会問題となっている。このよ

うな状況の下で、本学校心理士認定運営機構が、学校心理学を教える大学院で専門的教育を受け、困難な問題を抱える児童生徒の指導に対する専門的な実務経験を通して養われた豊かな能力と識見を得た優秀な人材を、「学校心理士」の資格をもつ専門家として公的に認定し、学校教育の現場、教育相談施設あるいは地域社会にその人材をおくり出すことは、きわめて重要な意義をもつものと考える。

　上記のような困難な問題状況に対応するため、文部科学省、都道府県、市町村教育委員会においても、これまで、学校教育を改善・充実する施策を推進する中で、それこそ枚挙のいとまもないほどの努力が払われてきた。「不登校」や「いじめ」の問題についても、その情報の収集や対策を考えるセンターを設置したり、各都道府県に非常勤のスクールカウンセラーを派遣するなどの施策がとられてきている。

　しかし、不登校、いじめ、暴力、非行、学習障害、高校中途退学等の困難な問題を抱える児童生徒の指導の問題は、どれについて考えてみても、現代社会に特有な家庭、学校、社会の諸条件の下で、児童生徒の複雑な心理的状態と結びついて発生しているため、問題はきわめて複雑であって、それらを解決するためには、非常に継続的なさまざまな努力が求められる。これらの問題を解決しようとする場合、今日では、学校心理士資格認定委員会(1997) が示すように以下のようなことを考慮に入れておく必要があると考える。

① 　そのような困難を経験している児童生徒の場合、その心理過程はあまりにも複雑なため、その指導や教育には、児童生徒の社会的適応、学習・発達、人格、臨床などについて高度の専門的知識と経験をもつ専門家に委ねる必要があること。

② 　さらに、その他の教育・研究機関の専門家と協力して支援する場合が少なくないこと。

③ 　これらの諸問題は、どの学校においても日常的に発生する可能性が高い。

そのため、常にその発生を未然に防ぐ予防と対策を考えておく必要があること。

3.「学校心理士」の今後

　教育のこと、子どもたちの心身の健全な発達を考え、また、現存する諸問題を本格的に解決するには、児童生徒の社会的適応、学習・発達、臨床などについて高度の専門知識と豊かな経験をもつ学校心理学の専門家、つまり「学校心理士」を、各学校に配置し、「学校心理士」が、教師やその他の専門家の協力の下で、問題の発生の予防と解決を計画したり、困難な問題を抱える児童生徒、あるいは保護者・教師に対してさまざまな形の教育援助サービスが行える新しい体制をつくり出すことは、不可欠であると考えられる。

　一般社団法人学校心理士認定運営機構は、「学校心理学」の専門家「学校心理士」の養成に努力してきたが、さらに、学校や社会への支援という立場から、これからも、児童生徒の精神的安定と成長・発達を支援するものとして、継続して「学校心理士」の認定事業をおこなっていく。さらに、2018年に准学校心理士の申請を受け付け、2019年4月には、新しく准学校心理士が誕生した。今後は国家資格「公認心理師」との在り方や、心理教育的援助サービスに強い教育職（教諭）として、チーム学校の要として活躍できる学校心理士の専門性を深めていく。

4.「学校心理士スーパーバイザー（CSP-SV）」資格の認定

　一般社団法人学校心理士認定運営機構は、2012年1月から、「学校心理士」の上位資格として、「学校心理士スーパーバイザー（CSP-SV）」の認定事業を開始した。この資格の保持者は、教育現場の先生方や学校心理士たちをしっかりと支える活動を行う人たちとして、期待される。

執筆者一覧（アルファベット順）

第1章　石隈利紀　小野瀬雅人　塩見邦雄

第2章　橋本創一　石隈利紀　牟田悦子　岡　直樹

第3章　石隈利紀　田村節子

第4章　林　龍平　梶井芳明　岡　直樹　山谷敬三郎

第5章　平田裕美　河合優年　松尾直博

第6章　我妻則明　三川俊樹　小野純平　芳川玲子

第7章　東原文子　小林　玄　松村茂治　小野純平　山谷敬三郎

第8章　会沢信彦　大野精一　田村節子　田邊昭雄

第9章　橋本創一　上村惠津子　小林　玄　小島道生　霜田浩信　氏家靖浩

第10章　藤原忠雄　川島範章　小泉令三　瀬戸健一　八並光俊

第11章　緒方宏明　佐藤一也　瀧野揚三　山谷敬三郎

第12章　石隈利紀　霜田浩信

第13章　松尾直博　大野精一

第14章　家近早苗　小泉令三

一般社団法人 学校心理士認定運営機構

〒113-0033　東京都文京区本郷2－32－1　BLISS本郷ビル3F
電話 03(3818)1554　FAX 03(3818)1588

学校心理学ガイドブック　第4版

2020年 1 月15日　初版第 1 刷発行
2020年12月15日　初版第 3 刷発行

編　者　　学 校 心 理 士
　　　　　認 定 運 営 機 構

発行者　　風　間　敬　子

発行所　　株式会社 風　間　書　房
〒101-0051　東京都千代田区神田神保町1-34
電話 03(3291)5729　FAX 03(3291)5757
振替 00110-5-1853

印刷・製本　藤原印刷

©2020　　　　　　　　　　　　　　　　NDC分類：140
　　ISBN978-4-7599-2298-1　　Printed in Japan